Noemi Eberlein | Judith Durand | Leonhard Birnbacher
Bildung und Demokratie mit den Jüngsten

Noemi Eberlein | Judith Durand |
Leonhard Birnbacher

Bildung und Demokratie mit den Jüngsten

Bezugstheorien, Diskurse und Konzepte zur Demokratiebildung in der Kindertagesbetreuung

Forschung zu Kindern, Jugendlichen und Familien an der Schnittstelle von Wissenschaft, Politik und Fachpraxis

Das Deutsche Jugendinstitut e. V. (DJI) ist eines der größten sozialwissenschaftlichen Forschungsinstitute Europas. Seit über 50 Jahren erforscht es die Lebenslagen von Kindern, Jugendlichen und Familien, berät Bund, Länder und Gemeinden und liefert wichtige Impulse für die Fachpraxis. Träger des 1963 gegründeten Instituts ist ein gemeinnütziger Verein mit Mitgliedern aus Politik, Wissenschaft, Verbänden und Einrichtungen der Kinder-, Jugend- und Familienhilfe. Die Finanzierung erfolgt überwiegend aus Mitteln des Bundesministeriums für Familie, Senioren, Frauen und Jugend und der Bundesländer. Weitere Zuwendungen erhält das DJI im Rahmen von Projektförderungen vom Bundesministerium für Bildung und Forschung, von der Europäischen Kommission, Stiftungen und anderen Institutionen der Wissenschaftsförderung. Aktuell arbeiten und forschen 470 Mitarbeiterinnen und Mitarbeiter (davon 280 Wissenschaftlerinnen und Wissenschaftler) an den beiden Standorten München und Halle (Saale).

Dieses Buch ist erhältlich als:
ISBN 978-3-7799-6532-9 Print
ISBN 978-3-7799-5849-9 E-Book (PDF)

1. Auflage 2021

in der Verlagsgruppe Beltz · Weinheim Basel
Werderstraße 10, 69469 Weinheim

Herstellung und Satz: Ulrike Poppel
Druck und Bindung: Beltz Grafische Betriebe, Bad Langensalza
Printed in Germany

Weitere Informationen zu unseren Autor_innen und Titeln finden Sie unter: www.beltz.de

Inhalt

Zusammenfassung

Demokratiebildung im Elementarbereich wurde als zentrale Aufgabe der Kinder- und Jugendhilfe erkannt. Für deren Umsetzung zeigt sich jedoch die Herausforderung, dass wenig grundlegendes Wissen darüber vorliegt, was frühkindliche Demokratiebildung bedeutet und wie sie praktisch umgesetzt wird. Diese Bestandsaufnahme verfolgt daher das Ziel, zentrale Begriffe, Fachdiskurse und bedeutsame Bezugstheorien zur Demokratiebildung im Elementarbereich zusammenzutragen sowie einen Überblick über ausgewählte praktische Initiativen und Handlungskonzepte zur Demokratiebildung zu schaffen.[1] Hierfür werden zunächst die zentralen Begrifflichkeiten Demokratie, Inklusion, Teilhabe und Partizipation bestimmt, wobei deutlich wird, dass zur modernen Demokratie immer Werte wie Toleranz, Vielfalt, Anerkennung und Kooperationsbereitschaft gehören.

Dass Demokratie eine wertebasierte Lebensform darstellt, die von Kindesbeinen an erfahren und praktiziert werden muss, ergibt sich aber nicht nur aus demokratie- und bildungstheoretischen Grundlegungen, sondern auch aus rechtlicher Perspektive. Wie diese Bestandsaufnahme sodann in einem zweiten Schritt darlegt, können in freiheitlich-demokratischen Gemeinwesen die sie tragenden Werte und Grundüberzeugungen nicht „von oben" erzwungen werden, sondern müssen sich „von unten", auf Basis eines nicht verhandelbaren Grundrechtekatalogs und dem festgeschriebenen Recht auf Bildung entfalten.

Darauf aufbauend fokussiert diese Bestandsaufnahme in einem weiteren Schritt die sozialisationstheoretischen Grundlagen, die für das Verständnis frühkindlicher Demokratiebildung von Bedeutung sind. Hierbei wird deutlich, dass Kinder demokratische Kompetenzen nicht allein auf Basis direkter pädagogischer Handlungen entwickeln, sondern dass diese Kompetenzen auch das Ergebnis eines umfassenden intragenerationellen wie intergenerationellen Sozialisationsprozesses sind.

Abschließend widmet sich diese Bestandsaufnahme ausgewählten, für die frühkindliche Demokratiebildung relevanten pädagogischen Ansätzen und schafft eine erste Systematisierung aktueller Initiativen und Praxisprojekte zum Thema.

1 Das vorliegende Buch ist in Ausschnitten Bestandteil einer Qualifizierungsarbeit.

1 Einleitung

Kulturelle Vielfalt ist seit Jahrzehnten Realität in der deutschen Gesellschaft. Dennoch ist gegenwärtig – unter anderem ausgelöst durch unterschiedliche gesellschaftspolitische Herausforderungen wie Migration, Rechtspopulismus oder anhaltende soziale Ungleichheit – der Umgang mit Vielfalt und Heterogenität in der Gesellschaft ebenso wie eine Wertediskussion um das demokratische Zusammenleben ins Zentrum des öffentlichen Diskurses gerückt. Das Bundesjugendkuratorium konstatiert: „Unsicherheiten und Ambivalenzen, die in diesem Zusammenhang entstehen, machen sich nicht zuletzt populistische Bewegungen zunutze: Einfache Lösungen zu komplexen gesellschaftlichen Fragen und Herausforderungen werden in Zusammenhang mit menschenfeindlichen, antidemokratischen, rassistischen und diskriminierenden Diskursen verbreitet“ (Bundesjugendkuratorium 2017, S. 5).

Diese Entwicklungen, die ihren deutlichsten Ausdruck in der antidemokratischen Politik der mittlerweile im Bundestag und in allen deutschen Landesparlamenten vertretenen *Alternative für Deutschland* (*AfD*) finden, haben auch in den Erziehungs- und Politikwissenschaften die Diskussion um das Verhältnis von Demokratie und Bildung intensiviert (Andresen 2018; Bundesjugendkuratorium 2017; Oelkers 2010). Fragen nach den genuinen Aufgaben, Zielen und Möglichkeiten von Bildungsinstitutionen werden gestellt und mit der Forderung an das Bildungssystem verbunden, präventiv, sozialisatorisch und erzieherisch auf ein demokratisches Zusammenleben hinzuwirken: „Prävention ist in aller Regel pädagogische Arbeit und setzt bei politischer Bildung, Persönlichkeitsentwicklung und der Förderung von Selbstwirksamkeitserfahrungen sowie Ambiguitätstoleranz an“ (Molthagen 2017, S. 63). Auch der Aktionsplan der UN-Generalversammlung vom Januar 2016 zur Verhütung des gewalttätigen Extremismus stellt explizit die (frühkindliche) Bildung als wichtigen Ansatzpunkt zur Entwicklung von Maßnahmen und Strategien für die Prävention gegen Extremismus heraus: „Bildung soll auch heißen, die Achtung der Menschenrechte und der Vielfalt zu vermitteln, kritisches Denken zu fördern, die Medien- und digitale Kompetenz zu fördern und die Verhaltens- und sozioemotionalen Fähigkeiten auszubilden, die zu einem friedlichen Zusammenleben und zur Toleranz beitragen können“ (Generalversammlung der Vereinten Nationen 2015).

Hierbei spielen das tatsächliche Erleben sowie die Erfahrung von Gemeinschaft und Vielfalt eine große Rolle. Unter dem Begriff „Kontakthypothese“ wird von Forschung und Praxis seit den 1950er-Jahren diskutiert, welchen Stellenwert unmittelbare Begegnungen sowie Kommunikation für das soziale Miteinander in modernen, pluralen Gesellschaften haben: Vorurteile und Diskriminierung werden demnach durch die Wahrnehmung von Andersartigkeit befördert, während das Erleben und Herausstellen von Gemeinsamkeiten und Ähnlichkeiten zu einer gesteigerten Akzeptanz und Zugehörigkeit führen kann (ursprünglich besprochen von Allport 1954). Neuere Literatur erweitert dies und deutet darauf hin, dass Kontakt allein nicht ausreichend ist, dass vor allem positive Interaktionen und gemeinsame Aktivitäten das Potenzial haben, eine nachhaltige Verständigung zu ermöglichen. Negativ gefärbter Kontakt dagegen verstärkt Animositäten und Vorurteile (vgl. z. B. Barlow u. a. 2012; Binder u. a. 2009). Der Kindertagesbetreuung[1] wird in diesem Zusammenhang das Potenzial zur aktiven, positiven Begegnung, der vielschichtigen Inklusion und der frühen, umfassenden Partizipation zugeschrieben (vgl. z. B. Becker-Stoll u. a. 2015; Prengel 2016).

Auch wenn der Umfang durchaus variiert, gehört die außerfamiliäre frühe Bildung, Betreuung und Erziehung (FBBE) heute zur Biografie nahezu aller Kinder (Rauschenbach 2016). In den ersten Lebensjahren machen Kinder elementare Erfahrungen mit sich, mit anderen Menschen und den Dingen in der Welt. Sie bauen Beziehungen auf und werden Schritt für Schritt Teil eines sozialen Gefüges. Dabei ist diese Aneignung von Selbst- und Weltverständnis sozial, kommunikativ und damit auch normativ gerahmt. In der Interaktion mit einer erwachsenen Bindungsperson gewinnt das Kleinkind die nötige Stressregulation und Sicherheit, die Exploration und Lernen ermöglichen (Grossmann/Grossmann 2017). Allerdings erfolgt Bildung nie im luftleeren Raum, sondern ist strukturell vorbestimmt, kulturell geprägt und mit spezifischen sozialen Lernprozessen verknüpft (Ahnert/Haßelbeck 2014). Die Art und Weise, wie das Zusammenleben in familiären und außerfamiliären Bildungs- und Betreuungskontexten gestaltet ist, bestimmt deshalb mit, welche Vorstellungen Kinder von sich selbst und dem sozialen Miteinander entwickeln. Dabei werden grundlegende Werte und Normen weitergetragen, miteinander ausgehandelt und verändert.

So verstanden, legt frühkindliche Bildung einen Grundstein von mehreren für eine Kultur des Miteinanders (Hurrelmann 2003). Denn „Kinder lernen Demokratie, wenn sie erleben, als einzigartige Individuen in der Gemeinschaft wahrgenommen und anerkannt zu werden (…). Sie eignen sich Kompetenzen für ein demokratisches Zusammenleben an, wenn sie ihre Bedürfnisse, Interessen und Vorstellungen mit anderen aushandeln können“ (Höhme-Serke/Beyersdorff 2011, S. 13).

In der Früh- bzw. Kindheitspädagogik ist zu beobachten, dass in Deutschland eine Vielzahl von unterschiedlichen Projekten und Initiativen entstanden sind

---

1 Die folgenden Ausführungen zur Demokratiebildung im Elementarbereich beziehen sich auf vielfältige Formen der Kindertagesbetreuung, wie Kindertageseinrichtungen, Krippe, Hort oder auch Kindertagespflege. Zur Vereinfachung wird im Folgenden der Begriff „Kindertageseinrichtung“ stellvertretend für unterschiedliche Formen der Kindertagesbetreuung verwendet.

und entstehen, die sich mit dem Umgang mit Heterogenität sowie mit Demokratiebildung beschäftigen. Auch Wissenschaft und Forschung wenden sich verstärkt dem Thema zu. Doch das Feld der frühkindlichen Demokratiebildung erweist sich als ein noch fragmentiertes, schwer zu überblickendes Terrain. So ist in Fachpraxis und Politik eine Zunahme an pädagogischen Konzepten und politischen Initiativen zu beobachten; die empirische Kenntnislage zu Umsetzungsprozessen von Konzepten mit demokratierelevantem Bezug sowie deren theoretische und rechtliche Verortung sind allerdings noch dürftig. Es existieren beispielsweise Evaluationsstudien, die explizit an die Durchführung verschiedener Projekte gekoppelt sind, wie „Demokratie leben in Kindergarten und Schule" der *RAA Berlin* (*Regionale Arbeitsstellen für Ausländerfragen, Jugendarbeit und Schule e. V.*) und des *Instituts für den Situationsansatz* (*ISTA*) (Höhme-Serke u. a. 2012), das Schulentwicklungsprogramm „Demokratie lernen und leben" der Bund-Länder-Kommission (Edelstein/Fauser 2001) oder das 2006 durch das *Kieler Institut für Partizipation und Bildung* entwickelte Modellprojekt „Kinderstube der Demokratie" (Richter u. a. 2017a). Diese liefern jedoch vorwiegend projektspezifische Erkenntnisse. Größere Studien, wie die „World Vision Studie" (Andresen 2018), welche auch demokratiebezogene Themen abbilden (wie Beteiligungsmöglichkeiten und Einschätzungen von Kindern zu vielfaltsrelevanten Aspekten), setzen erst ab dem Grundschulalter an und lassen den frühkindlichen Bereich aus. Dazu kommt schließlich noch der nicht unwesentliche Aspekt, dass auch die generelle theoretische Auseinandersetzung damit, „was genau es heißen und auch nicht heißen soll, Demokratie und Bildung zu verbinden", nach wie vor „ein überraschend vage besetztes und eher vernachlässigtes Theorieproblem" bleibt (Oelkers 2000, S. 334).

Die vorliegende Bestandsaufnahme möchte zu einer stärkeren Systematisierung dieser die frühkindliche Demokratiebildung betreffenden Diskurse, Bezugstheorien und Konzepte beitragen. Dazu werden entlang von fünf Kapiteln unterschiedliche Perspektiven und Zugänge zum Thema gewählt. Zunächst erfolgt in Kapitel 2 die Erläuterung zentraler Begrifflichkeiten wie Demokratie, Inklusion, Partizipation und Teilhabe sowie die Beschreibung der Begriffsvielfalt im Feld der politischen bzw. demokratischen Erziehung und Bildung. In Kapitel 3 schließt sich eine Analyse politikwissenschaftlicher Theorien an, die partizipative bzw. beteiligungsorientierte Elemente aufweisen. Konkret handelt es sich hierbei um die partizipatorische, die deliberative, die liberal-pluralistische sowie um die pragmatistische Demokratietheorie. Dabei wird untersucht, welchen Beitrag diese Theorien auch für die frühe Kindheit leisten können.

Es folgt ein Überblick über rechtliche Rahmenbedingungen, die als richtungsweisend für Entwicklungen der Demokratiebildung gesehen werden können. Ein rechtlicher Rahmen für präventive und kompensatorisch ausgerichtete Sozialisationsbemühungen des Bildungssystems wird unter anderem durch die „UN-Kinderrechtskonvention", das Kinder- und Jugendhilfegesetz und das Kinderschutzgesetz geschaffen; er verpflichtet Kindertageseinrichtungen dazu, Kinder zu beteiligen und ihnen Bildung zu ermöglichen.

In Kapitel 5 werden wesentliche Aspekte von (demokratischer) Sozialisation und Werteentwicklung sowie ihre Relevanz für die frühe institutionelle Kindertagesbetreuung diskutiert. Abschließend folgt, in Kapitel 6, die Darstellung pädagogischer Ansätze und Praxisprojekte unter Rückgriff auf das zugrunde liegende Themenfeld. Dabei werden ausgewählte frühpädagogische Ansätze vorgestellt – Friedrich Fröbel, Maria Montessori, Célestine Freinet, die Reggio-Pädagogik und der Situationsansatz – und in ihrem Bezug zu Demokratie reflektiert. Ein exemplarischer Überblick und eine Sortierung von frühpädagogischen Praxisprojekten und Initiativen zur Demokratiebildung komplettieren das Kapitel und zeigen den Facettenreichtum in diesem Bereich auf.

2 Demokratie im frühpädagogischen Diskurs – zentrale Begriffe

Demokratiebildung in der frühen Kindheit wird unter Verwendung zahlreicher Begrifflichkeiten und Konzepte diskutiert. So sehr man sich in Praxis, Politik und Forschung grundsätzlich darüber einig ist, dass demokratische Werte und Haltungen in der frühen Bildung berücksichtigt werden müssen, so fragmentiert und unscharf ist das begriffskonzeptionelle Fundament, auf dem die Debatte stattfindet. Ein entscheidender Grund für diese Zerklüftung liegt darin, dass unterschiedliche Wissenschaftsdisziplinen an dem Thema arbeiten und dabei jeweils eigene Zugänge und Perspektiven einbringen.

Das Anliegen dieses Kapitels ist es deshalb, die zentralen Begriffe frühpädagogischer Demokratiebildung zu definieren und ihren theoretisch-konzeptionellen Hintergrund darzulegen. Dafür werden zunächst die das Thema bestimmenden Grundbegriffe Demokratie, Inklusion, Partizipation und Teilhabe definiert. Sie bündeln begrifflich die Ziele und kategorischen Voraussetzungen frühpädagogischer Demokratiebildung. Davon ausgehend findet eine Annäherung an die frühpädagogische Praxis statt.

Eingangs erfolgt hierfür eine theoretische Auseinandersetzung mit den Grundbegriffen Erziehung und Bildung, anschließend ihre Übertragung auf den Gegenstand der Demokratie, um dann über die Begriffe Demokratieerziehung, Demokratiebildung und politische Bildung zu diskutieren und sie voneinander abzugrenzen. Am Ende des Kapitels stehen erste gebündelte Überlegungen zur Demokratiebildung in Kitas.

2.1 Demokratie, Inklusion, Partizipation und Teilhabe

Um verschiedene Theoriebezüge hinsichtlich ihrer Übertragbarkeit auf die frühpädagogische Demokratiebildung zu überprüfen, werden zunächst einige in diesem Zusammenhang virulente Begriffe und Bezeichnungen definiert. Demokratie, Inklusion, Partizipation und Teilhabe greifen als zentrale Begriffe dieses Themenfeldes ineinander und beschreiben unter verschiedenen Schwerpunkten wesentliche für demokratiepädagogische Fragen relevante Aspekte. Es folgt zunächst eine Annäherung an eine Definition des Demokratiebegriffs. Aufgrund seiner Vielfalt und Kontextabhängigkeit kann dies nur in grundlegenden Zügen gelingen. Die in Kapitel 3 dargestellten Demokratietheorien differenzieren verschiedene Lesarten aus.

Demokratie

Aus den Politikwissenschaften lassen sich diverse analytische Kriterien für eine Demokratie ableiten. Demokratie (griechisch: demos = Volk; kratein = herrschen) meint in erster Linie die Herrschaft der Mehrheit bzw. der Vielen in Abgrenzung zu anderen Formen der Herrschaft, in denen nur ausgewählte Personen politische Macht ausüben, wie beispielsweise in einer Aristokratie oder Monarchie (Schultze 2015a). Wenn folglich von Demokratie die Rede ist, wird in der Regel eine Herrschaftsform beschrieben, die sich auf den Prinzipien der Volkssouveränität und der politischen Gleichheit gründet (ebd.). Volkssouveränität beinhaltet drei zentrale Elemente: Die Herrschaft geht vom Volk aus, sie wird durch das Volk oder gewählte Vertreterinnen und Vertreter ausgeübt und zu seinem Nutzen eingesetzt (Schmidt 2010). Bürgerliche Grundrechte und der Rechtsstaat schützen den Einzelnen vor staatlicher Willkür (Schultze 2015a).

Politische Gleichheit bezieht sich auf das zentrale Versprechen der Demokratie, allen Bürgerinnen und Bürgern, unabhängig von Geschlecht, ethnischer Herkunft oder Konfession, die gleichen Wahl- und Beteiligungsrechte zuzugestehen. Weitere wichtige Kriterien sind auch fundamentale individuelle sowie kollektive Partizipationsrechte und -chancen, die sich u. a. im allgemeinen und gleichen Wahlrecht, in der Organisations- und Versammlungsfreiheit, in einer aufgeklärten Öffentlichkeit, in unterschiedlichen Zustimmungserfordernissen sowie freien Entfaltungsmöglichkeiten der Opposition zum Schutz von Minderheiten verwirklichen. Zusätzlich impliziert Demokratie im Interesse der Bevölkerung auch soziale Teilhabe und ein bestimmtes Maß an sozialer Gerechtigkeit (Schultze 2015a).

Anders als es die etymologische Herleitung des Begriffes suggeriert, können als Herrschaftsformen direkte und indirekte (bzw. repräsentative) Demokratien unterschieden werden (vgl. zum Folgenden: Scruton 2007). Bei einer direkten Demokratie werden alle Bürgerinnen und Bürger u. a. durch Wahlen an politischen Entscheidungen beteiligt. Je größer ein Staat jedoch ist, desto komplexer sind auch seine Strukturen, was wiederum eine direkte Beteiligung des Volkes erschwert (Jörke 2019). Diese Problematik stellt sich bei indirekten Demokratien nicht. Hier werden, abermals durch einen Wahlakt der Bürgerinnen und Bürger, Repräsentantinnen und Repräsentanten bestimmt, die sie in Parlamenten vertreten und die an Regierungsentscheidungen beteiligt sind. Wegen der vergleichsweise geringen Einbindung der Bürgerinnen und Bürger wird aber oft die Legitimität politischer Entscheidungen angezweifelt; so besteht aktuell z. B. die Forderung, Bürgerinnen und Bürger u. a. durch partizipative Maßnahmen (wie Bürger- bzw. Volksbegehren) verstärkt an politischen Prozessen zu beteiligen. Diese Initiativen gründen sich auf einer allseits vernehmbaren und medial konstatierten Politikverdrossenheit und werden, besonders im wissenschaftlichen Kontext, kontrovers diskutiert (Decker 2012; Merkel/Petring 2012); so bringe die vermeintliche Steigerung der Legitimität staatlichen Handelns u. a. eine „soziale Selektion“ sowie eine „Selbstexklusion der Unkundigen“ mit sich, die durch die „Kampagnenfähigkeit (...) meinungsstarker politisierter Mittelschichten, Interessengruppen, NGOs, (...) Regierung und Parteien“ beeinflusst wird und oft zu einem „Ergebniskonservatismus“ führe (Merkel/Petring 2012, S. 113ff.).

Die moderne Demokratie stellt also ein politisches Ordnungsarrangement dar, das nicht frei von Defiziten, Widersprüchen oder Krisenmomenten ist. Dennoch steht sie wie keine andere politische Ordnung für die Prinzipien der Selbstherrschaft, der Gleichheit, der Wahl- und Beteiligungsrechte.

Inklusion

Aus sozialwissenschaftlicher Perspektive wird Inklusion gesehen als „gleichberechtigte Teilhabe heterogener Gruppen an [gesellschaftlichen] Gütern bzw. die Bemühungen darum in Form der gezielten Einbeziehung insb. kulturell, sozial, ökonomisch oder politisch unterprivilegierter, benachteiligter, marginalisierter oder subalterner Gesellschaftsgruppen“ (Zilla 2015, S. 272).

Für den erziehungswissenschaftlichen Kontext definiert Annedore Prengel auf der institutionellen Ebene Inklusion als „Zugang aller Angehörigen der jungen Generation zu gemeinsamen Orten der Bildung“ (Prengel 2016, S. 9), da nur das Zusammenkommen von Kindern aus unterschiedlichsten Lebenslagen in einer Einrichtung deren nachhaltige Integration sicherstellen kann (Prengel 2014). Alle Kinder sollen entsprechend als Bildungsteilnehmerinnen und -teilnehmer, unabhängig von individuellen, heterogenen Voraussetzungen, über einen „egalitären und freiheitlichen Zugang“ verfügen (Prengel 2016, S. 9), sodass es zu keiner frühen Segregation kommt. Voraussetzung hierfür ist auch, dass Inklusion in einem weiteren Sinne gefasst wird, dass man sich also nicht ausschließlich auf die Teilhabe von Menschen mit Behinderungen fokussiert, sondern grundsätzlich die Teilhabe aller Menschen zum Ziel hat (Cloos/Becker-Stoll 2015).

Innerhalb frühpädagogischer Einrichtungen lässt sich Inklusion in verschiedene didaktische Formen differenzieren, z. B. inklusive Spiel- und Lerngelegenheiten zu schaffen sowie inklusive Interaktionsprozesse zu gestalten. Dies umfasst neben der Gestaltung des Raumes und der Materialauswahl auch die curriculare Verankerung von pädagogischen Prozessen sowie Ansätze, die von inklusiven Prinzipien geleitet sind (Cloos/Becker-Stoll 2015; Prengel 2014). Dafür relevant ist insbesondere die Kultivierung von inklusiven Prozessen in pädagogischen Beziehungen wie auch in Peer-Beziehungen (relationale Ebene).

Inklusion wird als eine „Quelle von Legitimität“ für eine Demokratie betrachtet (Zilla 2015, S. 273) und dient somit auch als Gradmesser und Kernprinzip für deren gelungene Umsetzung. Demokratie wiederum kann als „Ausdruck der Inklusion, eines aktiven Einbezugs der Bürger in das Kollektiv der gemeinsamen Lebensbewältigung“ verstanden werden (Richter 2012, S. 157).

Auch dem System der frühen Bildung, Betreuung und Erziehung wird, als erste Sozialisations- und Bildungsinstitution für die Verwirklichung von Inklusion, eine zentrale Bedeutung zugesprochen. Institutionen der frühen Bildung bergen durch eine „meritokratisch entworfene Chancengleichheit" (Prengel 2016, S. 21) die Gefahr, Bildungsverlierer und Bildungsgewinner hervorzubringen. Das Prinzip Inklusion soll dem entgegenwirken, indem es ein „Bildungsmodell der Wertschätzung jenseits von Leistungskonkurrenz" entwickelt (Prengel 2016, S. 22), die Heterogenität der unterschiedlichen Beteiligten am Bildungssystem berücksichtigt und dabei Bildungsgerechtigkeit ermöglicht.

Partizipation und Teilhabe

Partizipation und Teilhabe sind Begriffe, die sich in „umfassenden erziehungs- und sozialwissenschaftlichen Demokratisierungs- und Inklusionstheorien" finden (Prengel 2016, S. 10). Während sich der Begriff Teilhabe im Kontext früher Bildung vornehmlich auf die effektiven Zugangsvoraussetzungen für Kinder bezieht – sich also um die Frage dreht, ob Kinder, ganz gleich aus welchen Teilen der Gesellschaft sie kommen, gleiche Zugangsmöglichkeiten zu Angeboten der frühen Bildung haben (Prengel 2016) –, geht Partizipation noch etwas weiter.

Aus erziehungswissenschaftlicher Sicht wird Partizipation verdichtet auf die Beteiligung von Kindern an Entscheidungen, die sie in ihrem Alltag betreffen und auf deren Umsetzung sie auch tatsächlich Einfluss haben (Prengel 2016; Olk/Roth 2010). In frühpädagogischen Ansätzen der Demokratiebildung wird Partizipation daher als Möglichkeit „der Kinder, in ihren Lebens- und Lernzusammenhängen Einfluss zu nehmen" bezeichnet (Prengel 2016, S. 10). Auf theoretisch-systematisierenden Ebenen bieten Partizipationsmodelle in der Erziehungswissenschaft eine Analysefolie, um unterschiedliche Partizipationsformen und -grade zu unterscheiden. Dieser daraus entstehende methodisch-konzeptionelle Analyseansatz ermöglicht es, die zwischen Fremd- und Selbstbestimmung changierenden Stufen von Partizipation zu erfassen und zu differenzieren (Schröder 1995; Glinka u. a. 1999; Abs 2005).

Partizipation ist auch ein zentraler Aspekt verschiedener zeitgenössischer Demokratietheorien. Besonders solche, welche die Notwendigkeit einer Beteiligung von Bürgerinnen und Bürgern im politischen und gesellschaftlichen Bereich betonen, sehen Partizipation nicht nur als „eine spezifische Aktivität, sondern als einen integralen Bestandteil des sozialen Lebens (...)" und schreiben ihr eine „erzieherische Funktion (...) für die Demokratie" zu (van Deth 2014, S. 14). Dabei werden drei unterschiedliche Begründungen für Partizipation angeführt: Zum einen wird Partizipation auf die Möglichkeiten der Einflussnahme auf politische Entscheidungen bezogen („instrumentelle Begründung"). Die Bürgerinnen und Bürger agieren entsprechend „freiwillig, individuell und/oder kollektiv im Verbund mit anderen (...), um Entscheidungen direkt oder indirekt zu ihren

Gunsten zu beeinflussen" (Schultze 2015a, S. 458). Die Teilnahme der Bürgerinnen und Bürger an diesen Entscheidungen legitimiert wiederum die dadurch entstandenen Entscheidungen („legitimitätsorientierte Begründung"). Die „intrinsische Begründung" für Partizipation impliziert schließlich, dass die Beteiligung als Wert und Notwendigkeit für das „mentale Wohlbefinden der Menschen" verstanden (van Deth 2014, S. 13) und somit die persönliche Entwicklung der Beteiligten in den Vordergrund gerückt wird (Schultze 2015a; van Deth 2014, S. 14; Schmidt 2000).

Diese Begründungslinien von Partizipation lassen sich auch in den Konzepten für die Umsetzung von Partizipation in der frühpädagogischen Praxis identifizieren. Sie betonen entweder stärker die Realisierung von Persönlichkeitsrechten von Kindern in konkreten Interaktionsprozessen oder strukturelle Partizipationsformen und die Herausbildung von Wissen zu demokratisch-politischen Prozessen. Letzteres steht demnach eher für die Auffassung, dass Kinder über das Recht auf Beteiligung verfügen, diese allerdings sukzessiv erlernt werden muss. Eine Konsequenz daraus besteht in der Notwendigkeit, dem jeweiligen Entwicklungsstand angemessene Beteiligungsmöglichkeiten an Entscheidungsprozessen zu schaffen, wie Kinderkonferenzen oder andere Auswahlformate.

Dass Kinder bereits in jungen Jahren erfahren, was Partizipation bedeutet, ist aber nicht allein über institutionelle Arrangements zu sichern. Vielmehr spielt nach Auffassung interaktionszentrierter Ansätze auch die unmittelbare Alltagserfahrung von Partizipation in Interaktionen eine bedeutsame Rolle. Dies bezieht beispielsweise bereits die angemessene Berücksichtigung persönlicher Bedürfnisse (wie das Schlafen oder Essen) und die Beteiligung der Kinder an der Umsetzung dieser Bedürfnisse ein oder die sensitive und responsive Reaktion auf die Signale von Kindern im Rahmen der Definition von Partizipation.

2.2 Demokratiebildung, Demokratieerziehung, Demokratiepädagogik und politische Bildung

Das Feld der politischen bzw. demokratischen Erziehung und Bildung im Elementar- und Primarbereich ist seit Jahren von einer „Perspektivendifferenz" gezeichnet (Fauser 2007, S. 18). Diese äußert sich in einer Begriffsvielfalt, welche die Frage nach der angemessenen Bezeichnung für politische bzw. demokratische Bildung und Erziehung nach sich zieht (Himmelmann 2010; Pohl 2009; Fauser 2007; Sander 2007; Massing 2002). Im Fokus stehen hierbei die Begriffe *Politik* und *Demokratie* sowie die Frage, welcher Begriff den Gegenstand einer zeitgemäßen politischen Bildung oder Erziehung darstellen kann bzw. muss (Widmaier 2019).

Besonders Begriffskonstellationen, die sich auf Demokratie beziehen, erfahren in letzter Zeit eine wachsende Beliebtheit im fachpolitischen Diskurs (ebd.).

In der Forschung wird dies u. a. auf die zunehmende Unzufriedenheit der Bürgerinnen und Bürger mit der Tagespolitik zurückgeführt bzw. auf das sinkende Interesse junger Menschen daran, wodurch der Eindruck entstanden ist, dass der Demokratiebegriff „den Zeitgeist ganz offensichtlich besser zu treffen [scheint] als der Politikbegriff" (Widmaier 2019, S. 17). In der Folge entstanden wiederum verschiedene Wortkombinationen, wie Demokratiebildung, Demokratieerziehung oder Demokratieförderung, die nunmehr zu einer „neuen Unübersichtlichkeit" geführt haben (ebd.).

Trotz der Tatsache, dass diesen Begriffen auch ohne Bezugnahme auf Demokratie bereits ein hohes Maß an Komplexität inhärent ist – die sich beispielsweise in den fortwährenden wissenschaftlichen Diskursen um die Angemessenheit pädagogischer Grundbegriffe wie Bildung und Erziehung zeigt –, werden sie teilweise synonym verwendet. Erklärt wird diese Diversifizierung u. a. von Benedikt Sturzenhecker mit der „Spaltung unterschiedlicher wissenschaftlicher Schulen und Positionen, die aufgrund der Distinktionszwänge des Wissenschaftssystems versuchen, für eigene Begriffe rund um politische Bildung Aufmerksamkeit zu erheischen" (Hafeneger 2019, S. 10). Unterschiedliche Finanzierungs- und Förderquellen führen zudem dazu, dass jedes Projekt für sich genommen „Originalität" beansprucht, was wiederum zu einer „Betriebsblindheit" und zur „Fragmentierung der Potenziale einer demokratisch orientierten politischen Bildung [führt], in einer Zeit, in der die Demokratie so stark angefeindet wird wie lange nicht mehr" (Hafeneger 2019, S. 11).

Im Folgenden wird der Versuch unternommen, durch die nähere Beleuchtung verschiedener Begrifflichkeiten zur Systematisierung der diagnostizierten „Unübersichtlichkeit" beizutragen (Widmaier 2019, S. 17). Hierfür dient zunächst eine grundlegende Auseinandersetzung mit den Grundbegriffen Erziehung und Bildung dazu, deren theoretische Konstitution aufzuschlüsseln und darin angelegte Schlussfolgerungen für die Gestaltung pädagogischer Situationen sowie für das (Auf-)Wachsen von Kindern auf den Gegenstandsbereich der Demokratie zu übertragen. Dabei wird bewusst eine theoretisch-systematische erziehungswissenschaftliche Auseinandersetzung genutzt und darauf verzichtet, die nicht immer inhaltlich konsistente Verwendung verschiedener Begriffskonstellationen in Programmkontexten nachzuvollziehen.

Im nächsten Schritt folgt der Einblick in die Debatte über Demokratiepädagogik und politische Bildung. Die komplexe und umfassende wissenschaftliche Auseinandersetzung, welche im Kern die Unterschiede zwischen politischer Bildung und Demokratiepädagogik behandelt – bzw. in den Formulierungen Politik- bzw. Demokratie-Lernen –, kann hierbei nur in ihren Grundzügen skizziert werden (nachzulesen u. a. bei: Widmaier 2019 und 2018; Pohl 2009; Beutel/Fauser 2007; Massing 2002). Anschließend werden Anknüpfungspunkte zwischen den Disziplinen dargestellt und Lösungsansätze vorgestellt.

Demokratieerziehung und Demokratiebildung

Die drei Grundbegriffe Erziehung, Bildung und Betreuung sind seit Inkrafttreten des Kinder- und Jugendhilfegesetzes Anfang 1990 als „Aufgabentrias der Kindertagesstätten im KJHG“ festgehalten (Dietrich 2019, S. 399). Sie formieren damit als rechtliche Grundlage auch inhaltlich den Förderauftrag von Kindertageseinrichtungen und Kindertagespflege – wobei das Gesetz mit der „inhaltlichen Füllung von ‚Bildung‘ und ‚Erziehung‘ “(Franke-Meyer/Reyer 2015, S. 266) sehr zurückhaltend bleibt (siehe Kapitel 5.3). Ihre Konkretisierung für die pädagogische Praxis wird im wissenschaftlichen und fachpolitischen Diskurs verhandelt und durch den Bezug zu den aktuellen gesellschaftlichen Herausforderungen immer weiter optimiert. Der gemeinsame Rahmen der demokratischen Verfassung des Grundgesetzes setzt den normativen Rahmen und orientiert die Auslegung der Aufgabentrias an demokratischen Grundwerten.

Die drei zentralen Begriffe – Erziehung, Bildung, Betreuung – sind historisch gewachsen und Ausdruck jahrhundertelanger Auseinandersetzung mit dem Verhältnis von erwachsenen Generationen zu den nachwachsenden. Kinder sind anthropologisch durch das „Moment der Natalität“ (Wehner 2019, S. 441) mit erwachsenen Bezugspersonen in Abhängigkeit verbunden. Wie dieses Verhältnis begriffen und gestaltet wird, spiegelt sich auch in den (historisch nachvollziehbaren) Verständigungen zu eben diesen pädagogischen Grundbegriffen wider. Diese thematisieren verschiedene Aspekte der Vorstellungen zum Hineinwachsen des Individuums in die jeweilige gesellschaftliche Ordnung, in geltende Normen und Werte ab. Sie implizieren Schlussfolgerungen darüber, auf welche Art und Weise Erwachsene diesen Prozess (mit-)formen, welche Rechte und Eigentätigkeiten Kindern zugestanden und welche Verantwortung dabei gesellschaftlichen Institutionen zugeschrieben wird.

Aus historischer Perspektive ist eine Verlagerung der Dominanz des Betreuungsbegriffs über den Erziehungsbegriff hin zum Bildungsbegriff zu beobachten, was auch den gegenwärtigen frühpädagogischen Diskurs dominiert (Dietrich 2019). Gleichsam bleiben alle drei Begriffe virulent. In ihrer theoretischen Verfasstheit, Abgrenzung und Überschneidung sind sie jedoch dem Vorwurf der Unklarheit ausgesetzt (Bilgi 2019; Dietrich 2019). Gleiches gilt für ihre Übertragung auf verschiedene Gegenstandsbereiche, wie in diesem Fall der Demokratiebildung oder der Demokratieerziehung[1]

---

1 Die Auseinandersetzung mit dem Betreuungsbegriff wird an dieser Stelle in den Hintergrund gestellt, wobei die Sorgetatsache immer als Grundlage des Erziehungs- und Bildungsbegriffs mitgedacht werden muss. Bilgi (2019) weist auf die Notwendigkeit der vertieften Auseinandersetzung mit dem Sorgebegriff und seiner Relation zu den weiteren

(Demokratie-)Erziehung

Erziehung – begründet in der anthropologischen Sorgeaufgabe und Verantwortung älterer Generationen dafür, nachfolgende Generationen in die jeweilige Gesellschaft einzuführen – ist ein Grundphänomen, das in „kulturell mannigfaltigen Variationen zu identifizieren ist" (Wehner 2019, S. 439). Das Vorhaben, für den Begriff Erziehung eine gemeinsam getragene Definition zu finden, verdeutlicht einmal mehr, dass es viele Auslegungsformen gibt, was auf die Spannungsfelder verweist, die dem Erziehungsbegriff inhärent sind. Allen Definitionsversuchen gemein ist, dass sie Erziehung zu einer Aufgabe machen, welche die gesellschaftliche Ebene mit der subjektiven Entwicklung des Individuums verbindet. Unter Erziehung kann nach Jürgen Oelkers allgemein die „moralische Kommunikation zwischen Personen und Institutionen sowie mit und über Medien verstanden werden, soweit sie auf dauerhafte Einwirkung abzielt und ein Gefälle voraussetzt" (Oelkers 2004, S. 303).

Erziehungsprozesse werden durch Erziehende methodisch organisiert und erfolgen in Auseinandersetzung mit Inhalten und Gegenständen. Das Handeln des Erziehenden wird dabei auf zweierlei Weise wirksam: durch seine Vorbildfunktion einerseits und durch die bewusste Rückmeldung und Einflussnahme auf das kindliche Handeln andererseits (Jasmund 2018). Erziehung wird damit als eine absichtsvolle Handlung aufgefasst, die von bewussten oder unbewussten (moralischen) Zielen geleitet wird und eine Wirkung bei den zu Erziehenden erzielen soll.

Die Intentionalität von Erziehung, wie sie Wolfgang Brezinka – als Versuch, „das psychische Dispositionsgefüge anderer Menschen in irgendeiner Hinsicht dauerhaft zu verbessern oder zu erhalten" (Brezinka 1990, S. 79) – ins Zentrum von Erziehung rückt, kann als ihr zentrales Charakteristikum angesehen werden. Was dabei jedoch als „verbesserungswürdig" oder „erhaltenswert" gilt, bleibt offen und eine Frage sich wandelnder, gesellschaftlich geltender Werte und Normen, wie beispielsweise einer demokratischen Wertorientierung. Erziehung ist immer normativ, und damit sind es auch die Erziehungsziele. Sie sind eingebunden in historisch-gesellschaftliche Kontexte und unterliegen einem steten Wandel, der historisch nachvollziehbar und in verschiedene Begründungszusammenhänge eingebettet ist (wie z. B. religiöse, philosophische oder gesellschaftspolitische).

Nach Jasmund zielt „Erziehung als bewusste Einflussnahme (…) auf die Internalisierung von Werten und Normen einer Gemeinschaft und auf darauf ba-

---

Grundbegriffen hin. Dies ginge allerdings über den hier gesetzten inhaltlichen Rahmen hinaus.

sierende kulturspezifische Handlungskompetenzen im Alltag" (2018, S. 7). Erziehung bezieht sich auf eine imaginierte Zukunft, auf Normen und Werte des Zusammenlebens, die für erstrebenswert erachtet werden. Ob das Beabsichtigte erreicht wird, lässt sich jedoch immer nur in der Zukunft rückblickend einschätzen (Aßmann 2016).

In aktuellen fachpolitischen und wissenschaftlichen Diskursen wird Erziehung insbesondere am globalen Ziel der Mündigkeit der Heranwachsenden, hin auf ein „zunehmend eigenverantwortliches und gemeinschaftsfähiges Verhalten der Kinder in ihren materiellen und sozialen Lebenswelten" ausgerichtet (Jasmund 2018, S. 7). Über rechtliche Vorgaben und fachwissenschaftliche Diskurse werden diese Erziehungsziele explizit und implizit (mit-)definiert und festgehalten. Die pädagogische Praxis und ihre Stützsysteme stehen in der täglichen Arbeit vor der Aufgabe, diese abstrakten Erziehungsziele in der Gestaltung des Alltags und der direkten Interaktion zu konkretisieren. Erziehung ist über die konzeptionellen Überlegungen in der Umsetzung immer wesentlich an die individuellen Deutungen und normativen Orientierungen der Erziehenden gebunden.

Trotz der Intentionalität von Erziehung vollzieht sie sich immer in einem bidirektionalen Prozess. Kinder reagieren nicht nur, indem sie Erziehungsmaßnahmen annehmen oder sich leiten lassen, sondern beeinflussen das Handeln des Erwachsenen durch ihre Reaktion. Diese kann durch unterschiedliche Motive geleitet und beispielsweise durch rationalen (am Sachgegenstand orientierten) und irrationalen (wie ein grundsätzliches Ringen um Freiheit, Reaktanz) Widerstand geprägt sein (Kiel 2012). Dadurch bleibt Erziehung ergebnisoffen und „mit dem Risiko des Scheiterns verbunden" (Jasmund 2018, S. 34). Erziehungsprozesse sind nur bedingt kontrollierbar und ihre Wirkungswege nicht gänzlich vorhersehbar.

Die anthropologisch begründete Erziehungsaufgabe verweist auf ein weiteres für demokratiepädagogische Überlegungen bedeutsames Spannungsfeld: Erziehung ist durch ein Machtgefälle konstituiert, das durch Lebenserfahrung, Handlungsvorsprung und den Machtvorteil Erwachsener begründet wird (Kiel 2012; Prengel 2016). Diese Asymmetrie wird durch Rollenzuschreibungen institutionalisiert, die sich aus der jeweiligen Beziehung ergeben, in der Kind und Erwachsener in einem spezifischen Kontext zueinanderstehen, wie beispielsweise Eltern zu ihren Kindern, Lehrkräfte zu Schüler und Schülerin oder pädagogische Fachkräfte zu Kindern in Kindertageseinrichtungen.

Die Übernahme dieser Aufgabe beinhaltet neben der Chance auf positive Entwicklungsimpulse durch Erwachsene auch die Gefahr des Missbrauchs von Macht. „Autorität stellt bis heute eine Grundfrage und ein Grundproblem der Pädagogik dar. Für den pädagogischen Diskurs lässt sich die Bedeutung von Autorität eindrücklich an der komplexen Stellung zu den Begriffen Aufklärung und

Mündigkeit und der Einlagerung in das Verhältnis der Generationen belegen. Autorität ist im erziehungswissenschaftlichen Diskurs in die Grundlegung des Erziehungsbegriffs eingespannt" (Jergus 2017, S. 7). Damit verbunden ist die Frage nach der Legitimität und Rechtmäßigkeit von Erziehung und Erziehungsmitteln. Inwieweit und in welcher Weise urteilen Erwachsene und leiten Kinder an? Auf welche Weise nehmen Erwachsene Einfluss? Wie wird dieser innerhalb von Institutionen praktiziert? Erziehung wird so in aktuellen Diskursen mit dem Anspruch verbunden, Ziele und Methoden offenzulegen, zu legitimieren und zu reflektieren (Jergus u. a. 2017). Gesellschaftlichen Kontrollinstanzen fällt dadurch eine besondere Aufsichtspflicht zu, die sicherstellen soll, dass die Rechte und die Würde von Kindern gewahrt werden.

Das grundlegend asymmetrische Verhältnis von einer (erwachsenen) pädagogischen Fachkraft und dem (noch nicht erwachsenen) Kind schafft eine strukturelle Ambivalenz in pädagogischen Settings, die nicht aufzulösen, sondern nur situativ zu bearbeiten ist (Prengel u. a. 2017). Insbesondere für demokratiepädagogische Überlegungen ist dies folgenreich. Prengel u. a. (2017) weisen in diesem Zusammenhang auf die Verpflichtung pädagogischer Fachkräfte hin, ihr Handeln zu reflektieren, und stellen die Forderung nach einer allgemeinen Ethik der Pädagogik.

Demokratieerziehung kann demnach als die bewusste erzieherische Einflussnahme der älteren Generation gegenüber der heranwachsenden Generation verstanden werden, mit dem (normativen) Ziel, demokratische Werte und Normen bei Heranwachsenden und damit in der Gesellschaft zu stärken. Demokratieerziehung findet innerhalb einer an demokratischen Grundwerten ausgerichteten Gesellschaft statt und will dazu beitragen, Demokratie zu erreichen, zu erhalten und weiterzuentwickeln. Dafür greift sie auf didaktisch-methodische Mittel zurück, die selbst von demokratischen Prinzipien geleitet sind und auf die jeweilige Zielgruppe angepasst werden müssen.

Demokratieerziehung ist als bidirektionale Interaktion zwischen den beteiligten Akteuren zu verstehen, die trotz der Zielgerichtetheit ergebnisoffen ist. Durch die Asymmetrie zwischen Erwachsenen und Kindern ist mit Demokratieerziehung die besondere Herausforderung verknüpft, die Ambivalenz zwischen Autorität und die auf Mündigkeit und Verantwortung gerichtete intentionale Einflussnahme entsprechend zu gestalten. Damit ist auch verbunden, die zugrunde liegenden Ziele, Werte und Normen sowie die Erziehungsmethoden zu legitimieren und die (demokratischen) Rechte von Kindern zu wahren. Diese Asymmetrie muss durch die pädagogische Fachkraft beständig reflektiert und ausgestaltet werden.

(Demokratie-)Bildung

In Abgrenzung zum Erziehungsbegriff, bei dem das intentionale Handeln des Erziehenden im Vordergrund steht, wird Bildung bereits seit Wilhelm von Humboldt aus der Subjektsicht des Sich-Bildenden heraus begründet. Das Subjekt hat nach Humboldt vielfältige Kräfte und Fähigkeiten, mit denen es sich mit der Vielfalt von Welt auseinandersetzt (Humboldt 2010). Als Bildung bezeichnet er den Prozess, bei dem das Individuum sich von sich selbst entfremdet, um sich mit der Welt auseinanderzusetzen, diese wieder an sich selbst zurückzubinden und sie dann in eine subjektive Form bringt (ebd.).

Bildung umfasst somit mehr als ein explizites Wissen über die Dinge der Welt und Formen des sozialen Miteinanders. Sie ist verbunden mit einem umfassenden Verständnis der Ausbildung von Geist und Körper in einem Ganzen. Spätestens seit Ende des 20. Jahrhunderts hat diese Verknüpfung von Leiblichkeit, Ästhetik und Weltbezug des Individuums einen besonderen Stellenwert im bildungstheoretischen Diskurs (Benner 2004). Kognition, Entwicklung, Handeln, Emotionen, ästhetisches Empfinden und Wahrnehmung von Welt werden durch den Bildungsprozess untrennbar miteinander verbunden (Schäfer 2019).

Bildung beginnt mit der Geburt und umfasst alle relevanten Vorgänge des impliziten und expliziten Erfahrungslernens, die in ihrem Zusammenspiel mit der biologischen und sozialen Natur des Menschen die individuelle Weltdeutung formen (Schäfer 2019). Das Subjekt steht als tätig im Mittelpunkt des Bildungsprozesses und ist nichts, „was im Bildungsprozess vorgefunden wird, sondern das aus diesem Bildungsprozess selbst – wörtlich verstanden – hervorgeht" (Schäfer 2019, S. 411). Von Anfang an entwickelt sich das Subjekt aktiv, indem sich die individuellen genetischen Voraussetzungen im dialogischen Bezug von individuellen, kulturellen und sozialen Erfahrungen entfalten. Das Individuum integriert seine Welterfahrungen in seine subjektive Ordnungsstruktur, mit der es Welt wahrnimmt und verarbeitet. Dabei sind implizite und explizite, soziale und dingliche Erfahrungen nicht voneinander zu trennen, gleichermaßen wie die Wissensbestände, die dabei entstehen, nicht voneinander trennbar sind.

Gerd Schäfer betont in diesem Zusammenhang die Bedeutung des impliziten Wissens, das individuell aufgebaut wird und maßgeblich kulturell geprägt ist. Er unterscheidet fünf Formen des impliziten Wissens, die sich in leiblichen Praktiken vollziehen und dadurch identifizierbar werden. Das sensomotorische Wissen umfasst alle motorischen Erfahrungen, die Kinder mit der kulturell geprägten Umwelt machen. Das sensorische Wissen meint die „Strukturierungen von Wahrnehmungs- und Empfindungsweisen sowie der Gefühle, die im Rahmen sozialer Beziehungen von Anfang an erfolgen" und kulturell geprägt sind (Schäfer 2019, S. 411). Als dritte Form unterscheidet er das Wissen um den Umgang mit komplexen Handlungsformen, wie den Gebrauch von Werkzeugen und Alltagsdingen, sowie soziale Muster und Rituale des sozialen Miteinanders. Weiter differenziert er implizites Wissen zu Formen der Kommunikation; darunter subsumiert er alle Formen der Verständigung mit und ohne Worte. Fünftens nennt er kulturelle Weisen des Denkens, die alle kulturell geprägten Formen des Denkens einbeziehen.

So verstanden wird Bildung zu einer Aufgabe, „die letztlich von einem kulturellen Subjekt geleistet werden muss. Niemand kann gebildet werden" (Schäfer 2019, S. 418). Dennoch ist Bildung nicht beliebig und kein vom Umfeld isolierbarer Prozess. Denn die Selbsttätigkeit des Subjektes ist immer zu verstehen als ein In-Beziehung-Setzen des Subjektes zu etwas oder jemandem (Frost 2019, S. 33). Daraus erwächst für pädagogische Überlegungen ein zentrales Spannungsfeld: Wie können Bildungsprozesse pädagogisch gestaltet und gerahmt werden, wenn Bildung ein Prozess ist, der sich weitestgehend durch das Subjekt selbst vollzieht? Welche Rolle und Funktion nehmen dabei Erwachsene ein, die für Kinder in frühkindlichen Institutionen Verantwortung für deren Aufwachsen übernehmen?

Schäfer (2019) begreift Pädagogik vor dem Hintergrund des hier dargelegten Bildungsverständnisses als bewusste Gestaltung des Alltags in einer dinglichen und sozialen Umwelt. Im Vordergrund steht für ihn die Beteiligung von Kindern an der soziokulturellen Alltagswelt und deren Teilnahme an Alltagsprozessen, nicht die Vermittlung von kodifiziertem Wissen. Pädagogen kommt demnach die Aufgabe zu, die sachliche Umwelt anregend zu gestalten sowie Materialien und Werkzeuge anzubieten, die zu einem vielfältigen Umgang herausfordern und Teilnahme und Exploration ermöglichen. Dazu brauchen Erwachsene Empathie, um sich einzufühlen und zu verstehen, was Kinder als Welt erleben und wie sie dies tun. Diese Wechselseitigkeit ist nach Schäfer (2019) Voraussetzung dafür, dass sich Kinder als Selbstwirksam erfahren können. Nur so kann eine „Kultur des Zuhörens", eine „Demokratie der Beziehung" entstehen (Schäfer 2019, S. 417). Die Sprache wird dabei zu einem Medium, welches die gegenseitige Erfahrung in narrativer Form zum Ausdruck bringt (ebd. 2019).

Pädagogen müssen sich diesem Verständnis nach darüber bewusst sein, dass die dingliche Umwelt sowie die Art und Weise, wie Interaktionen gestaltet werden, kulturelles Wissen beinhalten und damit auch Normen und Werte des Zusammenlebens transportieren.

Demokratiebildung ist der Prozess, bei dem sich das Subjekt in einer an demokratischen Werten geprägten Kultur in Auseinandersetzung mit seiner Umwelt ausbildet. Dabei verinnerlicht es durch Erfahrungslernen soziale und kulturelle Muster, die durch demokratische Prinzipien geprägt sind. Pädagogische Settings müssen durch die bewusste Gestaltung der dinglichen Welt sowie der zwischenmenschlichen Begegnungen Erfahrungen ermöglichen, die von demokratischen Grundwerten strukturiert sind, und diese explizit und implizit transportieren. Demokratie kann nicht primär gelehrt werden, sondern muss erfahrbar sein. Dazu muss eine Kultur des gegenseitigen Zuhörens und des Respekts entwickelt werden, bei der sich Kinder und Erwachsene in einer von demokratischen Werten geprägten Beziehung begegnen.

Politische Bildung und Demokratiepädagogik

Seit den 2000er-Jahren setzen sich Wissenschaftlerinnen und Wissenschaftler in einem kontrovers geführten Diskurs mit der Frage nach der angemessenen Bezeichnung für den Begriff „politische Bildung“ auseinander. Angestoßen wurde dieser Diskurs durch das BLK-Programm „Demokratie lernen und leben“ der Bund-Länder-Kommission (Edelstein/Fauser 2001). Die Diskussion entzündete sich vor allem an der Kritik der Autorinnen und Autoren an der damaligen Umsetzung politischer Bildung in Schulen: „[Es] ist offenkundig, dass das vorherrschende Modell der politischen Bildung, mit marginaler Stundenausstattung, handlungsabstinenten Methoden und vorwiegend systemdeskriptiven Inhalten weder Identifizierung mit der Demokratie als Lebensform und als politisches Regelsystem erzeugt noch antidemokratische Affekte und Überzeugungen zu widerlegen und abzuwehren vermag (...)“ (Edelstein/Fauser 2001, S. 77).

Wolfgang Edelstein und Peter Fauser sprechen in ihrem Gutachten zum Programm daher von „Demokratiepädagogik“, weil sie Demokratie als eine „Richtschnur sowohl für die Politik als auch für die Erziehung wie für ihr Verhältnis zueinander“ sehen (Edelstein/Fauser 2001, S. 20). Da dieser Begriff allerdings bis heute durchaus kontrovers diskutiert wird, bedarf es einer begrifflichen Aufklärung, die ohne eine knappe Darstellung und Einordnung der Diskussion nur verkürzt möglich wäre. In einer Gegenüberstellung der Argumente auf beiden Seiten – zum einen der Erziehungswissenschaftlerinnen und -wissenschaftler, die dem Ansatz der Demokratiepädagogik nahestehen, sowie, zum anderen, der Politikdidaktiker der politischen Bildung – wird im Folgenden ein Überblick über diesen Diskurs gegeben.

Die Kritik der Vertreterinnen und Vertreter der Demokratiepädagogik gründet auf der Annahme, dass Demokratien ohne Bürgerinnen und Bürger, die über ein bestimmtes Maß an Demokratiekompetenz – „Haltung, Handeln und Überzeugung kompetenter Individuen“ (Fauser 2007, S. 28) – verfügen, nicht bestehen könnten. Um diese Kompetenzen zu ermöglichen, reiche es aber nicht aus, Wissen über politische Prozesse, Strukturen und Systeme zu vermitteln und diese in „erfahrungsarme Unterrichtskonzepte zu transformieren“ (Veith 2008, S. 4); auch Anerkennungsverhältnisse, „also die Erfahrung von entgegenkommenden Verhältnissen, wie sie eine demokratische, auf Reziprozität angelegte Umgebung darstellt“, spielten eine wichtige Rolle (Fauser 2007, S. 27). Dies verdeutlicht, warum die Bezeichnung Demokratiepädagogik begriffslogisch zunächst die Pädagogik im Fokus hat, nicht die Politikwissenschaft, während sich die politische Bildung aus der Politikwissenschaft und den dazugehörigen fachlichen Traditionen und Diskursen entwickelte (Fauser 2007, S. 37).

Die Bezeichnung Demokratiepädagogik lege den Fokus auf die pädagogische Aufgabe der Förderung des „Demokratielernens“ und diene entsprechend als Integrations- und Sammelbegriff für unterschiedliche Bemühungen in Form von Konzepten, Initiativen und Programmen (Fauser 2007). Pädagogische Fragen, die im Kern an expliziten oder impliziten Normen und Werten ausgerichtet sind, verlangten „nicht nur eine didaktische Antwort, sondern auch Klarheit darüber, welche Normen für das pädagogische Handeln verbindlich sein sollten, für die familiäre ebenso wie für öffentliche Erziehung" (Prange 2010, S. 9). Damit verknüpft sei einerseits die Möglichkeit, frühzeitig gesellschaftliche Entwicklungen in der pädagogischen Arbeit aufzugreifen, andererseits auch die Notwendigkeit, eine Auseinandersetzung mit der Normativität von Pädagogik zu führen (Prange 2009).

Durch die Verwendung des Politikbegriffs fokussiere sich die Politikdidaktik[2] hingegen einseitig auf die institutionell-systemische Ebene gesellschaftlicher und staatlicher Organisation, während sich der Demokratiebegriff als Lebens-, Gesellschafts- und Herrschaftsform vertikal ausdehne und so unterschiedliche Bereiche tangiere (Fauser 2007; Himmelmann 2001; 2002).

Vertreter aus den Reihen der politischen Bildung sehen Demokratiekompetenz aber nicht als das Kerngeschäft der politischen Bildung. Vielmehr stünden „Fragen des gesamt- und zwischengesellschaftlichen Zusammenlebens, also (...) Politik im weiteren Sinne" im Fokus (Sander 2007, S. 83). Auch wird argumentiert, dass mit der Verwendung des Demokratiebegriffs eine zunehmende „Unterscheidung zwischen normativ überhöhtem Ideal einerseits und ‚schmutziger' politischer Realität andererseits" einhergehe (Massing 2002, S. 173). Genauer wird den Autoren der BLK-Studie vorgeworfen, Demokratie zu einem „positiven Gegenbegriff zur schlechten Wirklichkeit des Politischen (...), geradezu zu einer Chiffre für das Gute im menschlichen Zusammenleben" zu stilisieren (Sander 2007, S. 78). Demokratie sei aber im Grunde immer (nur) die Bezeichnung für Volksherrschaft und somit ausschließlich in dem Kontext politischer Systeme sinnvoll verwendbar, daran ändere auch ihre umfassende Normsetzung in den Gesellschaften des globalen Nordens nichts (Sander 2007).

Dass Demokratie aber auch von führenden Denkern der Politikwissenschaft als weit mehr als eine politische Ordnung verstanden wurde, wird in den Ausführungen unter Kapitel 3 dieser Bestandsaufnahme gezeigt. Weitere etablierte Politikwissenschaftler in Deutschland, wie Wolfgang Merkel oder Michael Th. Greven, formulierten ebenfalls den Stellenwert, den eine demokratische Bildung und Erziehung für die Demokratie einnimmt: „Erst die Entwicklung einer vitalen

---

2 Wolfgang Sander beschreibt die Politikdidaktik folgendermaßen: „Politikdidaktik als interdisziplinäre Sozialwissenschaft untersucht politisches Lernen empirisch und konzeptionell mit dem Erkenntnisinteresse, die Bedingungen für die Möglichkeit von Lernprozessen aufzuklären, die die politische Mündigkeit der Lernenden fördern" (Sander 2002, S. 12).

Bürgerschaft immunisiert die jungen Institutionen der Demokratie, begrenzt die undemokratischen Handlungsoptionen der politischen Eliten und stellt die demokratischen Gemeinwesen auf eine krisenresistente Grundlage" (Merkel 2000, S. 7f.). „Sie [die Demokratie] bedarf der bewußten Entscheidung und zu Zeiten eines entsprechenden Engagements ihrer Bürger und Bürgerinnen, nicht nur im Sinne spezieller Interessenwahrung, sondern für ihre Sicherung und Weiterentwicklung in der Zukunft. Ihr Wert muß erfahren, erkannt und anerkannt, ihre normativen und geistigen Prinzipien müssen auch kognitiv durchschaut und in das individuelle Weltbild handlungsrelevant integriert sein" (Greven 2009, S. 235).

Die zentralen Unterschiede beider Ansätze – der politischen Bildung sowie der Demokratiepädagogik – können folgendermaßen festgehalten werden (vgl. zum Folgenden: Hafeneger 2019; Veith 2008): Demokratielernen fokussiert vor allem auf Erfahrungen mit Engagement in der Gesellschaft, auf gesellschaftliche Bildung bzw. auf gesellschaftliches Lernen und unterstützt durch seine Anwendungsbezogenheit in alltäglichen Situationen nachhaltig die Entwicklung von Handlungskompetenzen. Politische Bildung hingegen wird in der Regel durch eine themenspezifische Auseinandersetzung vermittelt und hat meist den gesellschaftspolitischen Kontext sozialen Handelns im Fokus. Diesbezüglich muss die Frage beantwortet werden, welche Kompetenzen für eine solche Auseinandersetzung notwendig sind. Laut Hermann Veith erfordert politisches Handeln „individuelle Urteilskraft und strategische Fähigkeiten (...)", während demokratiepolitisches Handeln voraussetzt, dass sich „die Einzelnen für die gemeinsame Gestaltung des Zusammenlebens zuständig fühlen und (...) Verantwortung für das Zustandekommen transparenter und gerechter Entscheidungen übernehmen" (Veith 2008, S. 7).

Hier wird ersichtlich, dass politische Bildung und Demokratiepädagogik zwar unterschiedliche Schwerpunkte in ihren bildungspolitischen Programmen setzen, gleichwohl bedingen sie sich gegenseitig: So können Demokratiepädagogik und die Fähigkeiten, die durch diese vermittelt werden, als Voraussetzung einer politischen Bildung gesehen werden. In dieser Konsequenz drängt sich die Annahme auf, dass sie nicht so sehr in Konkurrenz zueinanderstehen, sondern vielmehr als gegenseitige Ergänzung gedacht werden müssen.

So hat die Diskussion in den unterschiedlichen Disziplinen auch Beiträge hervorgebracht, die sich bewusst um eine Vermittlung zwischen den Ansätzen bemühen. Fauser (2007) schlägt vor, Demokratiepädagogik als übergreifende Kategorie unterschiedlicher Bezeichnungen zu sehen, in welcher Begriffe wie politische Bildung, Demokratielernen oder Demokratiebildung mit ihren jeweils individuellen Schwerpunkten eingeordnet werden können. Denn trotz der begrifflichen Unterschiede sind viele Gemeinsamkeiten festzustellen. So besteht weitgehend Übereinstimmung darin, dass zur aktiven Gestaltung einer Demokratie soziomoralische Kompetenzen sowie die Bereitschaft zur Partizipation bei Kindern und Jugendlichen grundgelegt werden müssen (Coelen 2010; Detjen 2002; Greven 2009; Oesterreich 2002; Patzelt 2010; Sliwka 2008; van Deth 2010).

Statt Hierarchien zu benennen und eine Disziplin der anderen unterzuordnen, regt unter anderen Widmaier an, Demokratiepädagogik als Ergänzung zu politischer Bildung zu betrachten. Hierfür eignen sich seiner Ansicht nach die Formen des Demokratielernens, die Gerhard Himmelmann in Anlehnung an das von John Dewey entwickelte Modell formulierte: Demokratie als Lebens-, Gesellschafts- und Herrschaftsform verfolgt dabei auf den unterschiedlichen Ebenen jeweils eigene Ziele. In Deweys Ansatz sieht Himmelmann eine Art Brücke von dem „Erziehungsziel ‚Selbstbestimmung' zum Erziehungsziel ‚Verstehen der repräsentativen Demokratie' " (Himmelmann 2001, S. 47). Im Zuge der „Abwendung von der etatistisch-kontinentalen Demokratieauffassung hin zu einer erweiterten, pragmatischen, tendenziell zivil- und weltbürgerlichen Demokratieauffassung" (Himmelmann 2001, S. 35) differenziert Gerhard Himmelmann den Ansatz Deweys, indem er eine dritte Variable – Demokratie als Gesellschaftsform – ergänzt. Die von ihm postulierte Idee einer „Demokratie als Gesellschaftsform" ließe sich zwar nicht immer ganz trennscharf von der Lebensform abgrenzen, ist aber laut Himmelmann notwendig, um Demokratie „in allgemeinere und abstraktere Themenfelder der politischen Bildung" zu führen (Himmelmann 2001, S. 122). Als Kernelemente bzw. Regelungssysteme einer Demokratie als Gesellschaftsform nennt Himmelmann Pluralismus und Gruppenkoordination, Konflikt und Konfliktregulierung, Konkurrenz, Markttausch und Solidarität, Offenheit und Öffentlichkeit sowie Zivil- und Bürgerschaftlichkeit (Himmelmann 2001).

Obwohl Himmelmanns Ansatz durchaus kritisch betrachtet wurde und wird (siehe z. B.: Richter u. a. 2017b; Sutor 2002), wird er vielfach als Ausgangspunkt für weitere Ausarbeitungen genutzt bzw. rezipiert. Dabei scheint es aber elementar, keine Hierarchisierung zwischen den unterschiedlichen Demokratiedimensionen (Lebensform, Gesellschaftsform, Herrschaftsform) vorzunehmen. So könnte die politische Bildung auf den von der Demokratiepädagogik geschaffenen Grundlagen aufbauen, da ein „durch politische Sozialisation in der Kindheit gelegter, demokratischer Habitus und eine demokratische Persönlichkeit gute Voraussetzungen für eine darauf aufbauende politische Bildung darstellen" (Widmaier 2019, S. 20). Dem Modell entsprechend fände die Vermittlung des Demokratielernens („Demokratie als Lebensform") schwerpunktmäßig auf der Primarstufe statt, während politische Bildung („Demokratie als Herrschaftsform") besonders in den Sekundarstufen I und II umgesetzt werde.

Weitgehende Einigkeit besteht in der Forschung über die Tatsache, dass zum Erhalt einer Demokratie auch soziomoralische Grundlagen notwendig sind. Die

Partizipation von Kindern sowie letzten Endes auch von Jugendlichen und Erwachsenen, die dem idealtypischen Bild einer „funktionierenden" und „adäquaten" Demokratie entsprechen, muss entsprechend früh gefördert werden (Prengel 2016; Coelen 2010; Patzelt 2010; van Deth 2010; Greven 2009; Sliwka 2008; Detjen 2002; Oesterreich 2002).

Für die frühe Bildung und Erziehung in der Kindertagesbetreuung steht besonders die Vermittlung der „Partizipationsrechte im Sinne von Mitsprache und Mitbestimmung sowie Beschwerdeführung" im Vordergrund (Richter u. a. 2017a, S. 29). Dadurch können gerade in Einrichtungen der Kindertagesbetreuung, die ebenso wie das Elternhaus die Entwicklung der Kinder beeinflussen, Demokratieprozesse als Alltagsprozesse erlebbar gemacht werden (Deutsche Kinder- und Jugendstiftung 2010). Anerkennungsverhältnisse, die möglichst in einem jungen Alter grundgelegt werden (Fauser 2007), stellen hierbei eine wichtige Funktion dar, da „unter anderem durch emotionale Zuwendung, gleichberechtigten Umgang und soziale Wertschätzung die Basis gelegt [wird], um in autonomer und vielfältiger Weise an demokratischen Prozessen zu partizipieren" (Deutsche Kinder- und Jugendstiftung 2010, S. 5).

Kinder können in jungen Jahren nicht rein kognitiv mit komplexen Sachlagen wie der strukturellen Vielschichtigkeit der Demokratie als Herrschafts- bzw. Verfassungsform konfrontiert werden. Der demokratiepädagogische Ansatz, der Demokratie als Lebensform versteht, bietet sich für weitere Analysen besonders an (Prengel 2016), da dieser „offener für dezidiert kindliche Praktiken ist [und] weniger auf die Strukturen und Handlungsabläufe aus der Sphäre der Politik fixiert ist" (Prengel 2016, S. 40). Eine Demokratiebildung, welche auf die Vermittlung von demokratischen Werten und Normen – wie Solidarität, Partizipation, Toleranz und Gleichberechtigung – baut, kann so bereits in Einrichtungen der Kindertagesbetreuung umgesetzt werden (Beutel/Hoffsommer 2012).

2.3 Demokratiebildung und Extremismusprävention

Als Reaktion auf aktuelle gesellschaftspolitische Herausforderungen lässt sich unter anderem auch eine Polarisierung politischer Positionen feststellen, wie sie in dem Anstieg rechtspopulistischer Kräfte oder in der Zunahme extremistisch motivierter Straftaten zu beobachten ist (BMI 2019). Damit verknüpft wird die allgemeine Forderung, den Bildungsauftrag – auch in der frühen Bildung – verstärkt mit dem Ziel der Förderung von demokratischen Werten zu verbinden (siehe u. a. Kultusministerkonferenz 2018). Im Speziellen wird allerdings auch die Verknüpfung zwischen Extremismusprävention und früher Bildung hergestellt, etwa im Aktionsplan zur Verhütung des gewalttätigen Extremismus, welcher von der UN-Generalversammlung verabschiedet wurde (2015). So wird den

Mitgliedstaaten u. a. empfohlen, „in Bildung zu investieren, insbesondere in die frühkindliche Bildung für 3- bis 8-Jährige, um sicherzustellen, dass alle Kinder Zugang zu einer inklusiven, hochwertigen Schulbildung haben, unter Berücksichtigung unterschiedlicher sozialer und kultureller Milieus“ (Generalversammlung der Vereinten Nationen 2015, S. 20). Denn, so die Überzeugung der *Vereinten Nationen*, je früher und umfassender Kinder mit Vielfalt, Meinungspluralismus und kritischem Denken vertraut gemacht werden, desto stärker treten sie anschließend für Toleranz, Ausgleich und ein friedliches Zusammenleben ein.

Auch auf nationaler Ebene verorten politische Initiativen Extremismusprävention bereits in der Kindheit. So formulierte die Bundesregierung in ihrer „Strategie zur Extremismusprävention und Demokratieförderung“ (BMFSFJ/BMI 2016) übergreifende Ziele, darunter die Prävention gegen Radikalisierung und Gewalt, Schutz und Achtung der Menschenwürde, Unterstützung von Beratungsstrukturen und die Förderung von Engagement, Mut, Zivilcourage und Konfliktfähigkeit. Unter Extremismusprävention werden hier Maßnahmen gefasst, die „der Ablehnung der Werteordnung des Grundgesetzes und des demokratischen Verfassungsstaates vorbeugen und entgegenwirken“ (BMFSFJ/BMI 2016, S. 11) und die sich sowohl an gefährdete Personen und Gruppen, Betroffene in ihrem Umfeld und ihren Netzwerken als auch an die Täterinnen und Täter selbst richten.

Dass sowohl die Sorge ernst genommen werden muss als auch die konkreten Maßnahmen gegen Extremismus in der Bundesrepublik konzeptualisiert werden müssen, belegt unter anderem der Verfassungsschutzbericht des Bundesinnenministeriums 2019: Die Bedrohungen durch politischen Extremismus würden vielfältiger und komplexer. So sind zwar im Vergleich zum Vorjahr die 2018 insgesamt registrierten politisch motivierten Straftaten auf 36.062 Delikte zurückgegangen (2017: 39.505). Die Zahl der sogenannten „Propagandadelikte“ darunter ist aber von 13.406 im Jahr 2017 auf 14.088 im Jahr 2018 angestiegen (Bundesministerium des Innern, für Bau und Heimat 2019, S. 23). Als explizit extremistisch motiviert, da gegen die freiheitlich-demokratische Grundordnung gerichtet, stuft das Bundesamt für Verfassungsschutz 27.656 Straftaten ein, wobei davon 19.409 Delikte dem Phänomenbereich „politisch motivierte Kriminalität – rechts“ zugeordnet werden, 4.622 Delikte dem Bereich „politisch motivierte Kriminalität – links“, 453 dem Bereich „politisch motivierte Kriminalität – religiöse Ideologie“ und 1.928 Delikte dem Bereich „politisch motivierte Kriminalität – ausländische Ideologie“. Nicht politisch eindeutig zu kategorisieren seien abschließend 1.244 extremistische Straftaten gewesen (Bundesministerium des Innern, für Bau und Heimat 2019, S. 24). Extremistische Delikte bilden damit das Gros unter den in Deutschland registrierten politisch motivierten Straftaten – was wiederum erfordert, genauer zu betrachten, was unter Extremismus verstanden wird.

Der Extremismusbegriff leitet sich ab aus dem lateinischen Wort „extremus" (= der äußerste) und bezeichnet in der Politikwissenschaft eine Gesinnung, die den demokratischen Verfassungsstaat und seine Prinzipien ablehnt bzw. abzuschaffen ersucht. Diese Ablehnung kann sich zum einen auf das Prinzip der Gewaltenteilung, den Grundrechtsschutz oder den Rechtsstaat („konstitutionelle Komponente") beziehen zum anderen auf Werte wie Volkssouveränität und Demokratie („demokratische Komponente") (Jesse 2015, S. 176; Salzborn 2018, S. 105ff.). Angesichts solcher Positionierungen wird ein Machtgewinn extremistischer Kräfte als Gefahr für den demokratischen Rechtsstaat gesehen.

Doch eine extremistische Haltung existiert nicht von Geburt an. Ihr geht immer ein Prozess der Radikalisierung voran, dessen Ursprung und Verlauf individuell unterschiedlich sein kann (Neumann 2013). Peter Neumann identifiziert drei Elemente, die in unterschiedlicher Reihenfolge und Kombination in vielen Radikalisierungsverläufen zu finden sind: So kann zunächst die Erfahrung von „Unmut, Unzufriedenheit und Konflikt (...) eine ‚kognitive Öffnung' produzieren, also eine Bereitschaft, eigene Denkmuster zu überprüfen und mit neuen Ideen und Wertvorstellungen zu experimentieren" (Neumann 2013, S. 7). Weiter führt die Annahme einer Ideologie, die vor allem über die Suche nach Schuldigen erfolgt – seien es religiöse Gruppen, Migranten oder das politische System –, dazu, an bestimmten ideologisch motivierten Projekten mitzuarbeiten. Schließlich bedarf es bei der Beteiligung an „risikoreiche[n] Formen des politischen Aktivismus (...) besonders viel Einsatz und Mut (...), die typischerweise das Ergebnis von starken sozialen Bindungen, Gruppenloyalität und -druck sind" (Neumann 2013, S. 7).

Um diesen Radikalisierungsprozessen, an deren Ende die Entwicklung einer extremistischen Haltung stehen kann, frühzeitig vorzubeugen, werden von staatlicher Seite nicht nur sicherheitspolitische Aufgaben erfüllt, sondern auch präventive Maßnahmen angestoßen. Auf der Grundlage der Erkenntnisse sind eine Vielzahl an Programmen und Initiativen entstanden, die explizit auch die Bereitstellung „präventiver Angebote, die demokratisches Handeln stärken, sowie Maßnahmen, die Radikalisierungsprozesse hemmen" initiieren (BMFSFJ/BMI 2016, S. 7).

Neben unterschiedlichen zivilgesellschaftlichen Akteuren unterstützen auch Initiativen unterschiedlicher Ministerien die Präventions- und Demokratiearbeit in Deutschland. So fördert beispielsweise das *Bundesministerium für Bildung und Forschung* mit dem Wettbewerb „Demokratisch Handeln" bereits seit 1990 Projekte von Schülerinnen und Schülern, die „das eigenständige, demokratische Handeln stärken" (Bundesministerium für Bildung und Forschung 2019). Abgesehen von der Förderung demokratischer Handlungskompetenzen werden im Rahmen des Programmes auch die Leistungen für die Demokratie und das Gemeinwesen anerkannt, die Schülerinnen und Schüler sowie ihre Lehrerinnen und Lehrer erbringen.

Das Bundesprogramm „Zusammenhalt durch Teilhabe“ des *BMI*, welches durch die *Bundeszentrale für politische Bildung* (*bpb*) umgesetzt wird, startete bereits 2010 und fördert Projekte, Modellprojekte sowie die Ausbildung von Demokratieberaterinnen und -beratern (Bundeszentrale für Politische Bildung 2019). Das Bundesprogramm „Demokratie leben! Aktiv gegen Rechtsextremismus, Gewalt und Menschenfeindlichkeit“ des *BMFSFJ* läuft seit 2015. Im Rahmen des Bundesprogramms werden u. a. auch Modellprojekte zu ausgewählten Phänomenen gruppenbezogener Menschenfeindlichkeit und zur Demokratiestärkung im ländlichen Raum gefördert. Angebote, die sich stärker an Schulkinder oder Jugendliche richten, werden neuerdings auch auf die frühe Kindheit übertragen oder neu entwickelt. So finden sich unter den Modellprojekten solche, die explizit im frühpädagogischen Bereich agieren; in dieser Bestandsaufnahme geben wir einen Überblick darüber (s. Kapitel 6.2).

Der Begriff Extremismusprävention wird aber zunehmend kritisch gesehen. So warnt u. a. der *Bundesausschuss Politische Bildung* davor, Demokratieförderung durch Anwendung des Extremismusbegriffs zu verkürzen: „Genau in dieser Verengung stehen wir gegenwärtig, da erhebliche Mittel für die Extremismusprävention zur Verfügung stehen, die politische Bildung aber im Allgemeinen stiefmütterlich behandelt wird. ‚Demokratieförderung‘ kann gerade nicht heißen: Das Schlimmste bekämpfen. Vielmehr geht es um die Beförderung demokratischer Haltungen, gleichviel durch was unsere zivilgesellschaftlich vielfältige Demokratie in Frage gestellt wird“ (Bundesausschuss Politische Bildung e. V. 2018).

Die Anwendung der Begriffe Radikalisierungs- bzw. Extremismusprävention auf das Feld der frühen Bildung muss besonders kritisch gesehen werden. Zwar kann die praktische Umsetzung präventiver Maßnahmen, wie sie in unterschiedlichen Bundesprogrammen zu finden sind, zu einer Förderung demokratischer Einstellungen und zur Vermittlung demokratischer Werte führen. Allerdings muss sorgsam damit umgegangen werden, dass dem Präventionsbegriff eine Misstrauensorientierung und die Verhinderung von Unerwünschtem vorausgesetzt wird (vgl. Lüders u. a. 2016; Lindner/Freund 2001).

Benedikt Sturzenhecker hat bereits vor gut 20 Jahren vor einer „Präventionsideologie“ gewarnt, welche sich ausschließlich auf potenziell negative Entwicklungsverläufe im Leben junger Kinder und Erwachsener fokussiere, während diese eigentlich über ein „Recht auf Förderung positiver Entwicklung als zentrales Ziel“ verfügen (Sturzenhecker 2000, S. 15). Diese Defizitzuschreibung kritisiert auch Alexander Wohnig, da sie suggeriere, dass Jugendliche „potenziell antidemokratisch [seien], weshalb erzieherisch interveniert werden müsse“ (Hafeneger 2019, S. 15). Vielmehr sollten Jugendliche in ihren Vorstellungen bestärkt, sollte Vertrauen in ihr Handeln gesetzt werden.

Schließlich forderten die Landeszentralen für politische Bildung Anfang 2018 dazu auf, Demokratieförderung nicht als Methode zur Gefahrenabwehr einzusetzen, sondern sie vielmehr als Angebot an alle Menschen zu verstehen, sich an der Gestaltung unserer Gesellschaft zu beteiligen (Landeszentralen für politische Bildung 2018). Es gilt besonders junge Kinder, als Teil einer vulnerablen Gruppe vor einer solchen Stigmatisierung zu schützen, weshalb Projekte, die im weitesten Sinne auch präventive Ziele verfolgen, unter verschiedenen Schlagwörtern laufen, wie Partizipation, Inklusion, Demokratiebildung bzw. -erziehung oder politische Sozialisation.

Neben den konzeptionellen Überlegungen müssen auch praktische Konsequenzen bedacht werden, die mit einer Übertragung extremismuspräventiver Aufgaben in die Kindertagesbetreuung einhergehen. Mit den Forderungen ändern sich professionelle Aufgaben, die insbesondere den pädagogischen Fachkräften im Kontakt mit Kindern und ihren Familien übergeben werden, weil sie ggf. aus ihrem bisherigen Kompetenzbereich herausfallen. So warnen beispielsweise Greuel u. a. (2015) im Rahmen der Evaluation des Bundesprogramms „Demokratie Leben!" mit Blick auf die dort erörterten islamistischen Gefahren vor einer Zuschreibung von Radikalisierungsprävention als Aufgabe pädagogischer Fachkräfte. Dies berge die „Gefahr [der] Überforderung der Pädagoginnen und Pädagogen durch an sie gerichtete gesellschaftliche Erwartungen, vor allem (…), wenn diese über die klassischen Aufgaben der Pädagogik hinaus in das Handlungsfeld von Sicherheitsbehörden reichen" (Greuel u. a. 2015, S. 126).

Dass dieser Einwand ernst zu nehmen ist, zeigt eine explorative Studie von Sabina Schutter und Magdalena Braun (2018) zu Rassismus, Menschenfeindlichkeit und Rechtsextremismus in der Kita. Die Studie konnte aufzeigen, dass im Handeln pädagogischer Fachkräfte beträchtliche Unsicherheiten entstehen können, wenn diese mit Eltern konfrontiert werden, die durch rechtsextremistische oder menschenfeindliche Aussagen in Erscheinung treten. So seien die Fachkräfte „unsicher (…), wie sie eine Situation einschätzen sollen" (Schutter/Braun 2018, S. 36), was wiederum in einer Sprachlosigkeit der pädagogischen Fachkräfte münden kann. Wichtig erscheint daher die Frage, ob und ggf. wie Aufgaben zur Extremismusprävention an unterschiedliche gesellschaftliche Akteure und Institutionen verteilt werden, insbesondere mit Blick darauf, was diese jeweils leisten können und welchen Auftrag sie innehaben.

Institutionen der frühen Kindheit richten sich an alle Kinder der Gesellschaft. Die dort angewandte Pädagogik, wie sie in frühpädagogischen Konzepten und auch in Bildungsplänen verankert ist, folgt einem Selbstverständnis, das die Entwicklung und Entfaltung individueller Stärken und Kompetenzen zum Ziel hat und nicht per se auf die Vermeidung von unerwünschten Entwicklungen abzielt. Damit folgt sie auch einem positiven Narrativ und versteht sich als eine Gestaltungs- und nicht als eine Verhinderungspädagogik (vgl. Hafeneger 2019). Gleichwohl wohnt jedem pädagogischen Handeln „präventives Denken und

Handeln inne, von ihm gehen immer auch präventive Wirkungen und Effekte aus" (Hafeneger 2019, S. 25). In diesem Sinne haben Institutionen der frühen Bildung das Potenzial, durch ihre alltägliche pädagogische Arbeit bereits einen Beitrag zur Prävention gegen Entwicklungen zu leisten, die dem individuellen oder gesellschaftlichen Wohl schaden könnten.

3 Politikwissenschaftliche Theorien und ihr Beitrag zum demokratiepädagogischen Diskurs

Aktuelle gesellschaftspolitische Herausforderungen führen zu Zweifeln an der Stabilität der Demokratie in der Bevölkerung und werden auch im politikwissenschaftlichen Diskurs aufgegriffen. So äußerten in der zuletzt 2018 durchgeführten „Mitte-Studie", die durch die *Friedrich-Ebert-Stiftung* in Auftrag gegeben wurde und bereits seit 2006 Einstellungen zu Demokratie in der deutschen Bevölkerung untersucht, rund 59 Prozent der Befragten ihr Misstrauen in die Demokratie als solche (Zick u. a. 2019, S. 182). Herausgefunden wurde dies mithilfe von Fragen, die sich auf das Vertrauen in die demokratischen Parteien, die Integrität der Politiker und auf ausgewählte Elemente gruppenbezogener Menschenfeindlichkeit beziehen. Auch teilten 74,9 Prozent der Befragten die Sorge, dass Rassismus in der Gesellschaft zunehmen könnte, während 60,1 Prozent meinten, dass der Rechtspopulismus die Demokratie sogar gefährde (Zick u. a. 2019).

Die Autorinnen und Autoren der Studie leiten aus der theoretischen Diskussion drei Hauptthesen ab, die im Kontext der Zunahme rechtspopulistischer Strömungen als Begründungslinien diskutiert werden: „Neoliberalismus, ökonomische oder kulturelle Modernisierungsverlierer und Demokratieverkrustung" (Zick u. a. 2019, S. 197). So habe der Neoliberalismus zu „sozialen und ökonomischen Verwerfungen geführt" (Zick u. a. 2019, S. 197) an dessen Ende schließlich eine unter Konkurrenzdruck leidende Arbeit, Lohnabfall und die Abwanderung von Arbeitsplätzen stünden. Die zweite These bezieht sich auf Entwicklungen der Moderne, an deren Ende auch Teile der Bevölkerung potenziell zurückgelassen werden. Zum einen können sozioökonomische Entwicklungen, beispielsweise die Angst vor dem sozialen Abstieg, aber auch kulturelle Entwicklungen, wie eine zunehmend offenere und von liberalen Werteverständnissen geprägte Welt, hierfür als ursächlich gesehen werden. Die dritte These bezieht sich auf die Folgen einer Verkrustung von Prozessen und Institutionen einer Demokratie, die schließlich zu Protesten innerhalb der Bevölkerung führen können (Zick u. a. 2019, S. 199).

Um Verkrustung und schließlich auch Populismus vorzubeugen, sind unterschiedliche Maßnahmen denkbar, so z. B. „demokratische Reformen, eine stärkere Einbindung von Bürger_innen, ggf. auch neue Formen der demokratischen Aushandlung" (Zick u. a. 2019, S. 199). Schließlich konstatieren Zick u. a., dass Rechtspopulismus eine Eigendynamik aufweist, die sich, einmal durch Radikalisierung in Gang gesetzt nur schwer rückgängig machen lasse.

Auch der Politikwissenschaftler und Soziologe Colin Crouch, Begründer des sogenannten Ansatzes der „Postdemokratie", sieht Gesellschaft und Politik mit ähnlichen Problemlagen konfrontiert (vgl. zum Folgenden: Crouch 2008a, S. 4f.). Das von ihm als Postdemokratie deklarierte Konstrukt prognostiziert allerdings nicht die Auflösung demokratischer Strukturen oder Institutionen, vielmehr wird eine Aushöhlung demokratischer Werte und Normen in der politischen Praxis attestiert (Ritzi 2015). Diesen Prozessen kann laut Crouch entgegengewirkt werden, wenn neue kollektive Identitäten entstehen, die eine veränderte Form der Beteiligung der Bürgerinnen und Bürger an Debatten und Entscheidungen implizieren (Crouch 2008b). Dabei setzt Crouch voraus, dass sich eine „sehr große Zahl an Menschen lebhaft an ernsthaften politischen Debatten und an der Gestaltung der politischen Agenda beteiligt und nicht allein passiv auf Meinungsumfragen antwortet; dass diese Menschen ein gewisses Maß an politischem Sachverstand mitbringen und sie sich mit den daraus folgenden politischen Ereignissen und Problemen beschäftigen" (Crouch 2008b, S. 9). Hierin liegt die Forderung nach mehr Partizipation der Bürgerinnen und Bürger begründet, um eine Entwicklung hin zu postdemokratischen Strukturen – die Crouch zum Zeitpunkt der Veröffentlichung seiner Theorie noch nicht als politische Realität ansah (Crouch 2008a) – verhindern zu können.

Die Forderung nach einer zunehmenden Beteiligung von Bürgerinnen und Bürgern ist nicht neu. Ihre theoretische Verankerung findet sich in den Ansätzen der partizipatorischen Demokratietheorie – u. a. vertreten durch Carole Pateman im Jahr 1970 und Benjamin Barber (1994) – sowie bei deliberativen wie liberalpluralistischen Demokratietheorien, wie beispielsweise durch Jürgen Habermas und Robert A. Dahl vertreten. Letzterer räumt der Gleichheit der Bürger eine wichtige Rolle ein, da „jeder Bürger dasselbe Recht auf die gleichmäßige Berücksichtigung seiner Interessen im demokratischen Prozess besitzt" (Holthaus/Noetzel 2012, S. 52).

Die Vertreterinnen und Vertreter partizipatorischer und deliberativer Ansätze haben zum Ziel die „politische Beteiligung möglichst vieler über möglichst vieles, und zwar im Sinne von Teilnehmen, Teilhaben, Seinen-Teil-Geben und innere Anteilnahme am Schicksal eines Gemeinwesens" (Schmidt 2010, S. 236). Hier lassen sich also bereits erste Überschneidungen zu einer Theorie frühpädagogischer Demokratiebildung finden, stellt Partizipation doch „eines der grundlegendsten Prinzipien der Demokratie" dar (Deutsche Gesellschaft für Demokratiepädagogik e. V. 2018, S. 14).

Die Reflexion der politikwissenschaftlichen Demokratietheorien zeigt, dass nicht alle einem theoretischen Erkenntnisinteresse folgen, viele sind auch an essenzielle praktische Ableitungen geknüpft. So vertrat Kurt Sontheimer bereits 1963 die Auffassung, dass Politikwissenschaft eine entscheidende Rolle bei der politischen Bildung einnehmen muss. Hintergrund ist, dass sich die Theorie politischer Bildung vor allem durch die Bemühungen von Pädagoginnen und Pädagogen entwickelt hat, sodass „die spezifischen Möglichkeiten politischer Bildung (…) vielfach auf der Basis zum Teil ungenauer und unzureichender Vorstellungen über die Demokratie in den Blick gerückt worden sind" (Sontheimer 1963, S. 36). Dennoch sind politikwissenschaftliche Ansätze und Theorien für die Praxis politischer Bildung nahezu irrelevant geworden (Massing 2014; Buchstein 2004; Honneth 2012).

Hierfür gibt es unterschiedliche Argumentationslinien: „Expansion und die Binnendifferenzierung, die Professionalisierungs- und Spezialisierungstendenzen sowie das zunehmende Selbstverständnis der Politikwissenschaft als Forschungsdisziplin" (Massing 2014, S. 78). Auch unterscheiden sich Politikwissenschaft und politische Bildung hinsichtlich ihres zugrunde liegenden Demokratiemodells. So ist aus Sicht der politischen Bildung Demokratie als Utopie und nicht als Verfassungswirklichkeit aufgefasst worden, was zugleich ein „normativ überhöhtes Ideal von Demokratie [beinhaltete], das kaum mit der Realität der Demokratie übereinstimmte" (Massing 2014, S. 77). Wenn sich also Politikwissenschaft und politische Bildung zunehmend voneinander entfernen (Massing 2014), stellt sich die Frage, welche Bezüge die frühe Demokratiebildung zu politikwissenschaftlichen Demokratietheorien hat bzw. inwiefern Ansätze einer Demokratiepädagogik auch demokratietheoretisch verankert sind.

Demokratietheorien begründen die Existenz von Demokratien und definieren ihre zentralen Maximen. Die politikwissenschaftlichen Strömungen, die den Demokratiebegriff maßgeblich prägten und nach wie vor prägen, können auf unterschiedliche Art und Weise klassifiziert werden: in moderne Demokratietheorien sowie deren Vorläufer (Schmidt 2010), in liberale, republikanische und deliberative Demokratietheorien (Schultze 2015a) oder in normative und realistische (Meyer 2009) bzw. empirische Demokratietheorien (Lembcke u. a. 2012). Die folgende Analyse fokussiert normative Demokratietheorien. Hintergrund ist, dass normative Demokratietheorien im Gegensatz zu den empirischen mitunter weniger die Analyse und Erklärung gesellschaftlicher Ist-Zustände zum Ziel haben, sondern sich vielmehr mit idealen Konzepten von Demokratien befassen (Lembcke u. a. 2012): „Demokratie ist die Verfassung der politischen Gleichheit. Insofern beruht sie in ausschlaggebendem Maße auf normativen Grundlagen, die bei keiner sinnvollen Analyse der Demokratie außer Acht gelassen werden können" (Meyer 2009, S.69).

Im Folgenden werden politikwissenschaftliche Ansätze vorgestellt, die Partizipation explizit fokussieren, und auf ihren möglichen Beitrag für die frühe Kindheit hin untersucht (Schmidt 2010; Meyer 2009; Gloe 2017; Habermas 1992; Barber 1994). Dafür sollen Benjamin Barber als Vertreter der partizipatorischen (Barber 1994) und Jürgen Habermas als Vertreter der deliberativen Demokratietheorie (Habermas 1992) näher betrachtet werden.

Da beide Ansätze die Beteiligung der Bürgerinnen und Bürger sowie die gemeinsame Aushandlung und Willensbildung in das Zentrum ihrer Denkschulen stellen, werden sie manchmal auch unter der Bezeichnung „beteiligungszentrierte Demokratietheorien“ zusammengefasst (Schmidt 2000). Diese Zusammenführung wird allerdings häufig als vorschnell und oberflächlich kritisiert. Denn sie unterscheiden sich bereits bei der Frage, in welchen Bereichen und in welchem Maße Partizipation ermöglicht werden soll: Während Barber in seiner idealtypischen Darstellung der sogenannten „Starken Demokratie“ eine Ausweitung von Beteiligungsmöglichkeiten auf möglichst alle gesellschaftlichen Bereiche fordert, steht bei Jürgen Habermas eine gesteigerte „Qualität der Entscheidung“ im Fokus (Landwehr 2012, S. 358).

In Ergänzung zu diesen beiden Ansätzen wird mit Robert A. Dahl – welcher wahlweise der pluralistischen (Schmidt 2000), der liberal-prozeduralistischen (Schaal 2002) oder der liberal-pluralistischen Demokratietheorie (Holthaus/Noetzel 2012) zugeordnet wird – eine dritte Perspektive in die Analyse miteinbezogen. Dahls Variante einer gesellschaftszentrierten Theorie hat die Beschreibung der aktuellen Institutionen moderner bzw. repräsentativer Demokratien zum Ziel und konzentriert sich hier vor allem auf die Aspekte Partizipation und Parteienwettbewerb (Roller 2016; Schmidt 2010).

Den genannten Demokratietheoretikern wird in der Literatur eine expansive Strategie zugeschrieben, die sich besonders in der Annahme einer Selbsttransformation von Individuen widerspiegelt. Diese These steht der Annahme liberaler Demokratietheorien entgegen, die Interessen als vorpolitisch gegeben ansehen (Warren 1992). Die Selbsttransformationsthese nimmt hingegen an, dass Bürgerinnen und Bürger durch das Erfahren von Demokratie zu Demokraten transformiert werden können: „more public-spirited, more tolerant, more knowledgeable, more attentive to the interests of others, and more probing of their own interests“ (Warren 1992, S. 8). Mit John Dewey wird einer der bekanntesten Vertreter des amerikanischen Pragmatismus in die Analyse aufgenommen. Als Pädagoge und Philosoph ist Dewey nicht der politikwissenschaftlichen Wissenschaftsdisziplin zuzuordnen. Durch den von ihm geprägten Ausdruck einer „Demokratie als Lebensform“ ist Deweys Ansatz aber anschlussfähig an die vorangestellten Ansätze. Zudem wird dieser aktuell besonders mit Blick auf die Weiterentwicklung der Politikdidaktik diskutiert. Dewey gilt daher als „Vordenker bzw. Wegbereiter“ beteiligungszentrierter Demokratien (Retzl 2014, S. 14).

3.1 Die partizipatorische Demokratietheorie (Benjamin Barber)

Bereits Theoretiker wie Aristoteles oder Rousseau haben Partizipation in ihren Theorien diskutiert. So war nach Aristoteles' Auffassung Partizipation zwar ein wichtiges Kennzeichen von Demokratien, diese sollte sich aber auf die „beratenden und richtenden Institutionen beschränken" (Weber 2012, S. 225). Darüber hinaus war die grundsätzliche Befähigung zur Partizipation abhängig von dem jeweiligen Status und dem Geschlecht der Bürgerinnen und Bürger (ebd.). Im Gegensatz dazu sind nach Rousseau grundsätzlich alle dazu berechtigt, politisch zu partizipieren. Es ist schließlich erst eine egalitäre Partizipation, die eine Transformation in Gang setzt, an deren Ende die Bürgerinnen und Bürger Teil eines Ganzen werden und Entscheidungen im Staat den Willen aller widerspiegeln (Weber 2012). So ist es folgerichtig, Rousseau als den „Ahnherren der modernen Theorie der partizipativen Demokratie" zu bezeichnen (Weber 2012, S. 227).

Partizipation wurde schließlich durch Ansätze moderner partizipatorischer Demokratietheorien zu einem normativen Ideal und einer zentralen Voraussetzung für Demokratie bzw. einem „Heilmittel für die Übel von *Herrschaft* und *Entfremdung*" stilisiert (Weber 2012, S. 228). Dieser Fokus auf die Inputseite des demokratischen Prozesses – also auf die erforderlichen Voraussetzungen einer Demokratie – sorgt auch dafür, dass es nicht die Frage von Relevanz ist, ob bestimmte Ergebnisse in einer Demokratie erreicht werden, sondern auf welche Weise es zu diesen kam (Schaal/Ritzi 2009; Tremmel 2016).

Benjamin Barber, einer der bekanntesten Vertreter dieser Theorie, führte die Bezeichnung „Starke Demokratie" ein (Barber 1994). Ihr zugrunde liegt die Annahme, dass Bürgerinnen und Bürger „durch staatsbürgerliche Erziehung (…) die Fähigkeit erworben haben, einen gemeinsamen Zweck zu verfolgen und nach dem Gegenseitigkeitsprinzip zu handeln" (Barber 1994, S. 99). Die Zukunft der Demokratie sieht Barber nur durch die „Wiederbelebung einer Form von Gemeinschaft" (Barber 1994, S. 146) im Rahmen einer starken Demokratie gesichert und betont hier besonders den Aspekt der Selbstregierung durch die Bürgerinnen und Bürger. Zwar sei diese nicht zu jederzeit und bezogen auf alle politischen Ebenen in gleichem Maße möglich, es gehe vielmehr darum, dass Bürgerinnen und Bürger „ausreichend häufig" dazu befähigt sind und es um „grundlegende Maßnahmen" geht, die zur Entfaltung „bedeutende[r] Macht" führen (Barber 1994, S. 146).

Dabei ist in der starken Demokratie, beispielsweise bei Interessenkonflikten und weiteren Streitfragen, ein bestimmter Modus der Konfliktregulierung vorgesehen, welcher einen Beratungs-, einen Entscheidungs- und einen Handlungsprozess beinhaltet. Hier wird in der starken Demokratie auf die Gemeinschaft gesetzt, die in der Lage ist, sich weiterzuentwickeln, Probleme zu lösen und öffentliche Zwecke – gegebenenfalls auch neu – zu schaffen. Diese öffentlichen

Zwecke werden Barber zufolge „im Akt der öffentlichen Partizipation geformt und durch gemeinsame Beratung wie gemeinsames Handeln geschaffen; eine besondere Rolle spielt dabei, dass sich der Gehalt und die Richtung von Interessen ändert, sobald sie [die Demokratie] partizipatorischen Prozessen dieser Art ausgesetzt ist“ (Barber 1994, S. 148).

Die immense Bedeutung der Gemeinschaft wird in Barbers Ansatz deutlich. Eine Gemeinschaft kann nur durch Bürgerbeteiligung entstehen und steht zu dieser in einem entsprechend engen Verhältnis, sodass zugleich Raum für Partizipation und Freiheit geschaffen wird. Elementar ist auch, dass alle in den Prozess der Bürgerbeteiligung involviert werden, da nur so „Individuen sich als Bürger neu definieren und unmittelbar zusammenkommen, um Uneinigkeit zu beheben, einen Zweck zu verfolgen oder eine Entscheidung durchzusetzen“ (Barber 1994, S. 149). Barber kritisiert in diesem Zusammenhang die Pseudo-Partizipation und spricht von Heuchelei, wenn „dem Volk Referenda vor [-gelegt werden], ohne dafür zu sorgen, daß es hinreichend informiert ist [oder] eine ausführliche Debatte stattfindet“ (Barber 1994, S. 151). Es geht ihm nicht darum, eine Regierung durch das Volk zu etablieren; dieses sei dazu noch nicht in der Lage und müsste sich zunächst im Zuge einer Transformation zu einer Bürgerschaft entwickeln: „Bürger zu sein *heißt*, auf eine bestimmte, bewußte Weise an etwas teilzunehmen, auf eine Weise, die voraussetzt, daß man andere wahrnimmt und gemeinsam mit ihnen handelt“ (Barber 1994, S. 152).

Diese Notwendigkeit der Transformation begründet Barber aus der Annahme, dass „politische Apathie“ nicht notwendigerweise auf ein grundlegendes Desinteresse der Bürgerinnen und Bürger zurückgeführt werden kann, sondern auch dem „Gefühl der eigenen Machtlosigkeit geschuldet ist“ (Weber 2012, S. 236). Florian Weber spricht hier von „Spill-over-Effekten“, die Barbers Theorie zugrunde liegen und sich einstellen, wenn Bürgerinnen und Bürger Selbstwirksamkeit in ihrem Alltag erleben, beispielsweise bei Nachbarschaftsversammlungen oder durch demokratische Strukturen am Arbeitsplatz (Barber 2003, S. 307): „The taste for participation is whetted by participation: democracy breeds democracy. In each of the great American movements of political reform (…), a little experience with self-government and political action inspired a desire for a great deal more“(Barber 2003, S. 265f.). Die Frage, inwiefern sich durch das Erfahren von Demokratie Spill-over-Effekte von der Mikroebene (z. B. Kindergarten, Familie, Schule) auf die Makroebene (z. B. Gesellschaft) einstellen, ist zwar vielfach diskutiert worden, konnte bislang allerdings nicht überzeugend beantwortet werden (Widmaier 2019).

Der vorgestellte partizipatorische Ansatz Benjamin Barbers fokussiert auf den demokratischen Prozess und weniger darauf, welche Ergebnisse an dessen Ende stehen. Barber berücksichtigt die heterogenen Interessen der Bürgerinnen und Bürger, die nach einer gemeinsamen Beratung

und Konfliktlösung schließlich in Entscheidungs- und Handlungsprozesse einfließen. Die Möglichkeit, an diesen Prozessen zu partizipieren, muss grundsätzlich gegeben sein, damit eine Gemeinschaft entstehen kann. Wenn Barber voraussetzt, dass die Bürgerinnen und Bürger prinzipiell in der Lage sind zu partizipieren, dann liegt das auch an seiner Überzeugung, dass diese durch partizipative Strukturen in ihrem Alltag (beispielsweise durch partizipativ ausgerichtete Institutionen) Demokratie und entsprechend ein Gefühl von Selbstwirksamkeit erleben.
Auch Kitas können in diesem Sinne als Schlüsselstellen gesehen werden, die – ebenso wie die Familie – für diese „Befähigung" zuständig sind. Machen Kinder in ihrem Alltag bereits früh Selbstwirksamkeitserfahrungen, kann dies, so Barbers Annahme, zu einem Spill-over-Effekt führen, der sich auf unterschiedliche Bereiche des privaten und öffentlichen Lebens auswirkt. In der Folge könnte eine frühe demokratische Erfahrung entsprechend dazu führen, dass Kinder das Erlebte auch auf weitere Lebensbereiche – wie beispielsweise ihr familiäres Umfeld, ihren Freundeskreis, die Schule und in diesem Sinne folgerichtig auf das Leben in der demokratischen Gesellschaft – übertragen.

3.2 Die deliberative Demokratietheorie (Jürgen Habermas)

Die deliberative Demokratietheorie tritt die Nachfolge der partizipatorischen Demokratietheorie an und gilt als eine der wichtigsten zeitgenössischen Demokratietheorien (Schaal/Ritzi 2009). Jürgen Habermas, einer ihrer bekanntesten Vertreter, fokussiert in seinem Ansatz weniger den Umfang der Partizipation als vielmehr ihre Qualität. Als „Kernstück des demokratischen Prozesses" bezeichnet er hierbei das Verfahren deliberativer Politik, welche er unter Bezugnahme von liberalen und republikanischen Auffassungen entwickelt und in einen „Begriff einer idealen Prozedur für Beratung und Beschlußfassung" integriert (Habermas 1992, S. 359).

Die Perspektiven des Liberalismus und Republikanismus werden in ihrer Urform von Habermas aus unterschiedlichen Gründen abgelehnt: So bediene im Liberalismus die demokratische Willensbildung ausschließlich die Funktion der Legitimation zur Ausübung politischer Macht, was eine Reduzierung der vom Volke ausgehenden und im Grundgesetz verankerten Staatsgewalt auf Wahlen und Abstimmungen sowie durch „besondere Organe der Gesetzgebung, der vollziehenden Gewalt und der Rechtsprechung" nach sich ziehe (Habermas 1992, S. 365; GG Art. 20, Abs. 2). Der Republikanismus hingegen fasst die politische Meinungs- bzw. Willensbildung als das Medium auf, „über das sich die Gesellschaft als ein politisch verfaßtes Ganzes konstituiert" (Habermas 1992, S. 360) und sich hier besonders am Output in Gestalt einer Leistungsbilanz von Regierungen orientiert. Habermas zufolge führt dies zu einem Politikverständnis, welches sich konsequent und polemisch gegen den Staat als solchen richtet (Habermas 1992).

Als Mittelweg bietet die deliberative Demokratietheorie eine Auffassung, die dem demokratischen Prozess eine stärkere normative Bedeutung zuschreibt als die liberale Theorie und zugleich eine schwächere als die republikanische Demokratietheorie. Wie im Republikanismus steht der Meinungs- und Willensbildungsprozess im Vordergrund, die Prinzipien des Rechtsstaats werden aber nicht außer Acht gelassen: „vielmehr begreift sie [die deliberative Demokratietheorie] (...), wie die anspruchsvollen Kommunikationsformen einer demokratischen Meinungs- und Willensbildung institutionalisiert werden können" (Habermas 1992, S. 361). Es bedarf also einer entsprechenden Institutionalisierung solcher Verfahren. Auch kann eine deliberative Politik nur dann als legitim gelten, wenn die Qualität ihrer Ergebnisse sichergestellt wurde.

Dass Kommunikation in Habermas' Theorie eine große Bedeutung hat, scheint angesichts seiner bereits Jahre zuvor entwickelten „Theorie des kommunikativen Handelns" kaum verwunderlich. Hier klassifiziert Habermas Handlungen entweder als kommunikativ bzw. verständigungsorientiert (Lebensweltorientierung) oder als strategisch (Systemorientierung) (Habermas 1985; Landwehr 2012). Diese kommunikativen Handlungen werden nicht über „egozentrische Erfolgskalküle, sondern über den Akt der Verständigung koordiniert" (Habermas 1985, S. 385), wobei Verständigung hier einen „Prozeß der Einigung unter sprach- und handlungsfähigen Subjekten" meint (Habermas 1985, S. 386) und auf gemeinsamen Überzeugungen beruht.

Die deliberative Demokratietheorie ist sowohl input- als auch outputorientiert (Tremmel 2016). Ziel ist es nicht nur, „den Charakter der Bürgerinnen und Bürger zu verbessern" (Tremmel 2016, S. 225), sondern zudem wünschenswerte Ergebnisse für alle zu erreichen (Schaal/Ritzi 2009). Partizipation stellt bei den Deliberationisten keinen Selbstzweck dar, wie es bei partizipatorischen Ansätzen der Fall ist. So bezeichnete Habermas bereits 1961 in „Student und Politik" politische Beteiligung als „Produkt (...) und doch auch selber ein Bedingendes" (Habermas u. a. 1961, S. 15), welches nicht bloß auf politische Teilnahme reduziert werden darf. Durch Deliberation, also durch Begründung, Abwägung und Anerkennung des besten Argumentes, und unter Beteiligung möglichst vieler Bürgerinnen und Bürger soll im Idealfall ein Konsens erreicht werden, welcher zuvor allen gleiche Chancen der Teilnahme an Verhandlungen, der Einflussnahme darauf sowie der Durchsetzung dabei sicherstellte (Tremmel 2016; Habermas 1992; Landwehr 2012). Zudem führe Deliberation zu „einem höheren Maß kollektiver Selbstbestimmung" (Landwehr 2012, S. 366), da eine möglichst umfangreiche Beteiligung der Bürgerinnen und Bürger angestrebt werde. Der oft zitierte „zwanglose Zwang" des besseren Argumentes (Habermas 1983, S. 99) führe weiter dazu, dass Bürgerinnen und Bürger nicht bloß überredet werden oder aufgrund von äußeren Zwängen von ihrer Position abkommen. Vielmehr habe man sich „von der Richtigkeit der Sache bzw. der Argumente (...) überzeugen lassen" (Tremmel 2016, S. 225).

Habermas' Ansatz einer deliberativen Demokratie stellt hohe Anforderungen an eine gelungene Partizipation. Seine Ansprüche hinsichtlich des Diskurses bzw. der Deliberation scheinen von jungen Kindern kaum erfüllbar zu sein, sodass sich hier nur wenige Anknüpfungspunkte für die Frühpädagogik zeigen (Tremmel 2016). Darüber hinaus misst Habermas dem Input des politischen Prozesses zwar eine gewisse Bedeutung zu, „aber den Charakter der Bürger und Bürgerinnen zu verbessern, ist hier nicht der einzige Zweck, sondern auch – oder sogar ‚nur' – ein Mittel, um wünschenswerte Ergebnisse für alle (‚for the people') zu erzielen" (Tremmel 2016, S. 255).

Nichtsdestoweniger wird durch die deliberative Demokratietheorie und die Theorie des kommunikativen Handelns die Bedeutung einer Konsensfindung unter Beteiligung aller betont, die nicht zu einer bestimmten Meinung gedrängt werden, sondern im Rahmen kommunikativer, verständnisorientierter Prozesse und unter gleichen und freien Bedingungen zu dieser gelangen. Auch wenn nicht alle Anforderungen der von Habermas entwickelten Gesellschaftstheorie erfüllt werden können, kann zumindest dieser Grundsatz auf den frühpädagogischen Kontext übertragen werden.

3.3 Die liberal-pluralistische Demokratietheorie (Robert A. Dahl)

Robert A. Dahl befasst sich u. a. in seinem Buch „On Democracy" grundlegend mit der Frage, was Demokratie ist, warum wir sie brauchen und welche Voraussetzungen Demokratien benötigen, um bestehen zu bleiben. Die Frage nach der Natur von Demokratien („What is Democracy?") beschreibt Dahl als ausschließlich wertbasiert und entsprechend normativ. Die Frage nach der Begründung von Demokratie („Why Democracy?") ist Dahls Auffassung nach schon etwas empirischer angelegt: „[O]ur judgements still strongly depend on ideal values, but they also depend on our beliefs about causal connections, limits, and possibilities in the actual world around us" (Dahl 2000, S. 32).

Dahls Überlegungen zu den Voraussetzungen für Demokratien basieren überwiegend auf empirischen Belegen und Beurteilungen. Aus diesem Grund wird sein Ansatz einerseits als normativ beschrieben; andererseits ermöglichen es die von ihm formulierten normativen Ideale, die Qualität von Demokratien an diesen zu messen und so ihre Anwendbarkeit in der Empirie zu überprüfen (Roller 2016; Schaal 2002). So erlangte Dahl nicht nur im Kontext der theoretischen Demokratieforschung, sondern auch im Kontext der Demokratiemessung[1] großes Ansehen (Holthaus/Noetzel 2012; Roller 2016).

Ähnlich wie bereits Barber bezieht sich auch Dahl auf den Input des politi-

1 Unter „Demokratiemessung" wird die wissenschaftliche Untersuchung politischer Systeme hinsichtlich ihres Demokratiegehalts verstanden. Beispiele für Instrumente zur Demokratiemessung sind der „Freedom House Index", „Vanhanen Index" oder der „Bertelsmann Transformations Index" (Schmidt 2000).

schen Prozesses (Schmidt 2000). Bei der Frage, welche Kriterien eine „ideale", eine vollkommene Demokratie erfüllen muss, fokussiert er sich auf effektive Partizipation („effective participation"), gleiches Stimmrecht („voting equality"), Zugang zu Informationen („enlightened understanding"), Kontrolle der politischen Agenda („control of the agenda") und die Inklusion aller Bürgerinnen und Bürger („inclusion of adults") (Dahl 2000, S. 38). Jedes dieser Kriterien sieht er als notwendig an, damit die Mitglieder bei der politischen Steuerung einer demokratischen Gesellschaft oder Vereinigung politisch gleichgestellt sind.

Die Frage, warum es überhaupt einer Demokratie bedarf, beantwortet Dahl mit der Nennung von zehn Vorteilen, die mit einer demokratischen Regierung einhergehen (z. B. könnten mit dieser grundlegende Rechte realisiert und Tyrannei vermieden werden) (Dahl 2000). Jedes einzelne Kriterium sei zwar notwendig, meint Dahl, aus seiner Perspektive ist es jedoch äußerst unwahrscheinlich, dass die Regierung eines Staates jemals in der Lage sein wird, alle Kriterien zu erfüllen. Aus diesem Grund konstruiert er den Begriff der „Polyarchie": Demokratie ist ein „regulativer Musterfall" (Holthaus/Noetzel 2012, S. 53) und ihre Umsetzung in real existierenden politischen Systemen gleiche eher einer Polyarchie, also einer Herrschaft der Vielen.

Dahl befasst sich außerdem mit der Frage, welche Institutionen in großen und modernen Staaten existieren müssen, damit sich diese Systeme als demokratisch bezeichnen können. In Anlehnung an Dahl (2006) haben Holthaus und Noetzel diese Institutionen mit den eingangs vorgestellten Demokratieidealen verknüpft und tabellarisch aufbereitet, welche Ideale durch welche politischen Institutionen umgesetzt werden (siehe folgende Tabelle).

Tabelle 1: Verknüpfung der politischen Institutionen mit den Demokratiemodellen nach Dahl (2006) (Holthaus/Noetzel 2012)

Politische Institutionen	**Demokratieideale**
1. gewählte Repräsentanten	Kontrolle der politischen Agenda
2. freie, gerechte und regelmäßige Wahlen	gleiches Stimmrecht; effektive Partizipation
3. Meinungsfreiheit	effektive Partizipation; Zugang zu Informationen; Kontrolle der politischen Agenda
4. unabhängige Informationsquellen	effektive Partizipation; Zugang zu Informationen; Kontrolle der politischen Agenda
5. Versammlungsfreiheit	effektive Partizipation; Zugang zu Informationen; Kontrolle der politischen Agenda
6. Einbeziehung aller Mitglieder des politischen Systems	effektive Partizipation; gleiches Stimmrecht; Zugang zu Informationen

Aus der Darstellung in Tabelle 1 wird ersichtlich, dass – mit Ausnahme der gewählten Repräsentanten – alle Institutionen effektive Partizipation sicherstellen müssen. Partizipation definiert Dahl (2000) als die Möglichkeit aller Bürgerinnen und Bürger, ihre individuellen Standpunkte bezüglich eines Sachverhalts in gleichberechtigter und effektiver Weise vor anderen vertreten zu können. Dahl lehnt die „Vormundschaft" durch Politiker ab, da unter erwachsenen Menschen keiner so viel besser als andere qualifiziert sein kann, dass er mit vollständiger Kontrolle über die Regierung eines Staates ausgestattet werden sollte (vgl. zum Folgenden: Dahl 2000, S. 75, 78ff.). Stattdessen müssten die Erwachsenen – Kinder werden hier explizit ausgeschlossen, da deren Interessen durch die Eltern oder den Staat vertreten werden – hierzu befähigt werden.

Erwachsene werden generell als ausreichend gut qualifiziert für die Teilnahme am demokratischen Prozess des Regierens angesehen. Das bedeutet aber nicht, dass Experten nicht weiter benötigt würden, im Gegenteil: Die Komplexität einiger politischer Sachverhalte mache es schlicht nicht möglich, ohne das Wissen von Experten auszukommen, besonders da keiner vor Fehlern gefeit sei. In diesem Zusammenhang betont Dahl auch die Bedeutung des gleichberechtigten Zugangs zu Informationen (Dahl 2000, S. 38). Um alle Bürgerinnen und Bürger dazu zu befähigen, nimmt Dahl politische und soziale Institutionen und ihren Bildungsauftrag in den Blick. Wenn diese Einrichtungen zu schwach seien, ihrem politischen Bildungsauftrag nachzukommen, so müssten sie gestärkt werden: „We who believe in democratic goals are obliged to search for ways by which citizens can acquire the competence they need" (Dahl 2000, S. 80). Darüber hinaus sei es zwar zweifelsfrei notwendig, aber nicht ausreichend, politische Bildung formal in Schulen zu vermitteln. Politische Bildung brauche auch öffentliche Diskussion, Deliberation, Debatten, Kontroversen, die unmittelbare Verfügbarkeit von zuverlässigen Informationen und weitere Einrichtungen einer freien Gesellschaft (Dahl 2000, S. 79).

Obwohl Dahl in seiner „Theorie des demokratischen Prozesses" (Schaal 2002, S. 257f.) Kinder explizit ausschließt, finden sich hier anschlussfähige Überlegungen für die frühpädagogische Demokratiebildung. Auch er misst dem Input in Form eines partizipativen Prozesses eine große Bedeutung bei. Einige der genannten Institutionen gehören auch zum Anspruch der Kitas heute: Besonders die Meinungsfreiheit und der Einbezug aller gehören zu den Anforderungen an pädagogische Fachkräfte und Kitas, wenn sie demokratische Strukturen und Prozesse in den Alltag der Kinder integrieren möchten, wie auch besonders das Demokratieideal „effektive Partizipation" (Arbeitsgemeinschaft für Kinder- und Jugendhilfe 2018). Schließlich betont Dahl die Notwendigkeit politischer Bildung in unterschiedlichen Bereichen des Lebens und die Notwendigkeit der Stärkung jener Institutionen, die für ihre Vermittlung zuständig sind.

3.4 Die pragmatistische Demokratietheorie (John Dewey)

Demokratie als eine solidarische und kooperative Form des gemeinsamen Zusammenlebens, die auf eine „umfassende Demokratisierung der gesellschaftlichen Lebensverhältnisse“ (Selk/Jörke 2012, S. 255) und auf die Betonung der Bedeutung demokratischen Handelns zielt, ist Grundlage der sogenannten „pragmatistischen Demokratietheorie“ (Selk/Jörke 2012). Im Zentrum steht hierbei die Frage nach demokratieförderlichem Verhalten und entsprechenden Rahmenbedingungen. Die hier beschriebene Auffassung von Demokratie als die dafür notwendige Art des Zusammenlebens und der anerkennenden Interaktion spiegelt sich demokratietheoretisch insbesondere in den Ansätzen John Deweys wider. Er, der den Begriff der Demokratie als „Lebensform“ maßgeblich prägte, sah diese als Conditio sine qua non des demokratischen Ordnungsmodells an (Pohl 2004). Dabei war Dewey selbst kein Politikwissenschaftler oder Demokratietheoretiker, sondern Philosoph und Pädagoge. Trotzdem wird Dewey im politikwissenschaftlichen und politikdidaktischen Kontext besonders in den letzten Jahrzehnten wieder verstärkt rezipiert – auch, weil sein Ansatz der Förderung demokratischer Kompetenzen aktueller denn je erscheint (Selk/Jörke 2012; Jörke 2007; Pohl 2004).

Dewey konkretisiert sein Demokratiemodell vor allem in den Werken „Die Öffentlichkeit und ihre Probleme“ (1996) und „Demokratie und Erziehung“ (2000). Darin bezeichnet er Demokratie als etwas, das in unterschiedlichen Lebensbereichen wie Schule, Wirtschaft, Religion sowie Familie stattfinden muss und auf eine umfassende Partizipation aller Bürgerinnen und Bürger an demokratischen Prozessen abzielt (Reich 2005). Politische Strukturen bzw. „Regierungseinrichtungen“ stellen dabei nur „Mechanismen [dar], die einer Idee Kanäle für effektvolles Wirken bereitstellen“ (Dewey 1996, S. 125). Und auch weitere Merkmale von Demokratie, wie das allgemeine Wahlrecht oder das Mehrheitsprinzip, hätten nichts „Heiliges an sich“ (Dewey 1996, S. 126), sondern seien zweckmäßige Instrumente, deren Zustandekommen unvermeidlich war.

Das verdeutlicht das zentrale Element von Deweys Theorie: Die Unterscheidung zwischen Demokratie als Lebensform und Demokratie als Herrschaftsform (Dewey 1996; 2000). Obwohl laut Dewey beide Formen miteinander zusammenhängen und in einem dynamischen Wechselverhältnis stehen (Selk/Jörke 2012), ist Demokratie mehr als nur eine Art zu regieren. Vielmehr steckt in ihrem Fundament „eine Form des Zusammenlebens, der gemeinsamen und miteinander geteilten Erfahrung“ (Dewey 2000, S. 121), die eine möglichst umfassende Partizipation aller Bürgerinnen und Bürger anstrebt. Hier zeichnet sich, wie auch bereits in den vorangestellten Theorien, ein normatives Demokratieverständnis ab, welches den demokratischen Staat als eine Art „gesellschaftliches Problemlösungsorgan bestimmt“ (Selk/Jörke 2012, S. 260).

Demokratie selbst stellt aus Deweys Perspektive den Inbegriff des Gemeinschaftslebens dar. Eine von Zwängen befreite Entwicklung der Menschen in einer Gemeinschaft ist die Grundlage jeder Form der Bildung und des Lernens (Pape/Kehrbaum 2019; Weber 2012). Ihn beschäftigt daher die Frage, wie eine Gesellschaft, die aus kleinen Gruppen besteht, zu einer Gemeinschaft transformiert werden kann.

Dewey greift hier die aus seiner Sicht gegebene Natur der demokratischen Idee auf: Menschen streben danach, „einen verantwortlichen Beitrag zur Bildung und Lenkung der Tätigkeiten derjenigen Gruppen zu leisten, denen man angehört, und nach Bedarf an den Werten teilzuhaben, welche die Gruppe tragen" (Dewey 1996, S. 128). Jedes Gruppenmitglied gehört aber nicht nur einer, sondern mehreren Gruppen an. Gemeinschaftliche Interessen können entsprechend nur dann realisiert werden, wenn die Gruppen miteinander in freiem und gleichberechtigtem Austausch interagieren (Selk/Jörke 2012). Zur Problemlösung zwischen den Individuen ist zudem eine „gemeinschaftsbildende Kommunikation" unabdingbar (Selk/Jörke 2012, S. 264). Im Zuge einer erfolgreichen Auflösung von Konflikten sammeln Individuen Erfahrungen, brechen Routinen auf und eruieren neue Wege (Jörke 2007). Diese Art und Weise, Probleme gemeinschaftlich zu regeln, soll auch auf die Ebene des Zusammenlebens der Menschen übertragen werden und sie wird umso intelligenter, je demokratischer sie ausgestaltet ist (Jörke 2007, S. 90). Politische Entscheidungen können darüber hinaus an Rationalität hinzugewinnen, wenn möglichst viele an den Prozessen beteiligt werden (Jörke 2003).

Dewey hat sich als Pädagoge auch mit Fragen der Erziehung beschäftigt. So sollen Problemlösungskompetenzen bereits im Unterricht umgesetzt werden, indem Schülerinnen und Schüler mit Problemen konfrontiert werden, die sie eigenständig und ohne Zutun des Lehrpersonals lösen: „Dahinter steht die Auffassung, daß Erziehung weniger der bloßen Reproduktion von Wissen und Formen des Zusammenlebens dienen soll, als vielmehr dem Wachstum der individuellen wie kollektiven Erfahrung" (Jörke 2003, S. 193). Der Begriff „Erfahrung" ist für Dewey die Basis seiner Demokratietheorie und er ist eng mit Kommunikationsprozessen verknüpft (vgl. zum Folgenden: Jörke 2003, 150ff.). Prozesse der Selbstentfaltung sind auf unterstützende Kommunikationsverhältnisse angewiesen, die Dewey wiederum ausschließlich unter demokratischen Verhältnissen – wenn also die Demokratie als Lebensform realisiert wurde – als gegeben ansieht. Dirk Jörke formuliert diese Überlegung folgendermaßen: Demokratie stellt eine „notwendige Bedingung individueller Selbstentfaltung" dar (Jörke 2003, S. 157), da demokratische Strukturen zu einem vielfältigeren und anregenderen sozialen Leben führen und in dieser Konsequenz zum Entstehen individueller und kollektiver Erfahrung beitragen.

Im Gegensatz zu den bisher dargestellten Ansätzen widmet sich Dewey explizit auch Kindern und der Institution Schule. Kindern sollen Lerngelegenheiten und Lernerfahrungen in gleichem Maße zur Verfügung stehen, da es andernfalls zu einer Beschädigung der Demokratie käme (Dewey 1915, S. 3). Die Schule müsse zudem zu einem Ort werden, an dem Kinder durch ihre eigentätige Beschäftigung produktive Ergebnisse hervorbringen und Erfahrungen sammeln. Nur so kann sich die Schule zu einer „embryonic society“ (Dewey 1915, S. 15) entwickeln: „When the school introduces and trains each child of society into membership within such a little community, (…) we shall have the deepest and best guaranty of a larger society which is worthy, lovely, and harmonious" (Dewey 1915, S. 27f.).

Dem umfangreichen Wirken Deweys gerecht zu werden, ist im Rahmen dieser Bestandsaufnahme nicht möglich und angesichts der vielen, ausführlichen und hier teilweise bereits rezipierten Werke auch nicht notwendig. Deweys Ansatz einer Demokratie als Lebensform wurde und wird nach wie vor in einer Vielzahl von Publikationen, die sich mit Bildung und Demokratie bzw. demokratiepädagogischen Projekten und Studien befassen, als theoretische Argumentationsgrundlage genutzt. Ähnlich zahlreich sind allerdings auch die Artikel, die seinen Ansatz kritisch betrachten (u. a. Pohl 2004; Oelkers 2000).

Die Anschlussfähigkeit seiner Demokratietheorie an den schulischen Bereich hat Dewey selbst bewiesen (vgl. u. a. Retzl 2014). So diskutiert er bereits Anfang des 20. Jahrhunderts die Rolle der Schule bei der Erziehung der Kinder und die Notwendigkeit ihrer Transformation hin zu einer „Gesellschaft im Werden“ (embryonic society). Da Dewey seinen Fokus weniger auf die Demokratie als eine Art des Regierens, sondern vielmehr auf ihre zwischenmenschliche, soziale Komponente legt, ist der Ansatz auch anschlussfähig zum frühpädagogischen Bereich. Ähnlich wie Barber betont Dewey hier die Notwendigkeit der Bildung einer Gemeinschaft, welche die „Idee der Demokratie“ konstituiert (Dewey 1996, S. 129). Zudem können Selbstentfaltungsprozesse laut Dewey nur unter den Bedingungen einer demokratischen Lebensweise und förderlicher Kommunikationsverhältnisse stattfinden.

3.5 Überlegungen zu Demokratiebildung in Kitas

Zwar wurden Kinder als eigenständige Subjekte in der Politikwissenschaft im Allgemeinen und in den Demokratietheorien im Speziellen bisher kaum berücksichtigt (Blöcker/Melchert 2014), die dargestellten Demokratietheorien lassen aber durchaus Ableitungen für die Notwendigkeit einer frühen demokratischen Bildung und Erziehung von Kindern zu. Auch wenn Kinder kaum explizit genannt werden, weisen die dargestellten Theorien z. T. auf die Notwendigkeit der politischen Bildung aller Bürgerinnen und Bürger durch öffentliche Institutionen hin.

In der vorliegenden Bestandsaufnahme wurden insgesamt drei politikwissenschaftliche Ansätze sowie ein pädagogisch-philosophischer Ansatz vorgestellt, die im Kontext von politischer Bildung und Demokratiepädagogik immer wieder diskutiert werden. Die formulierten Ziele und Kriterien stellen dabei Idealvorstellungen von Partizipation dar; dass diese in demokratischen Systemen aktuell nicht in dem anvisierten Maße umgesetzt werden, ist kaum abzustreiten (Bettmer 2008, S. 214; Habermas 1992, S. 395f.). Zurückführen lässt sich dieser Umstand unter anderem auf die Ressourcen, die für eine umfassende Partizipation seitens der Bürgerinnen und Bürger investiert werden müssen. Da Partizipation das zentrale Instrument der politischen Bildung bzw. der Demokratiebildung darstellt, wird diese Erkenntnis auch in diesem Kontext aufgegriffen.

So plädierte beispielsweise Kurt Sontheimer bereits 1963 für eine moderatere Sicht auf die Leistung einer politischen Bildung: „Die vielfach utopischen Anforderungen an die politische Bildung müssen zurückgeschraubt werden. Nur eine politische Bildung, die realistisch-kritisch ihre Möglichkeiten und Chancen sieht, kann einigermaßen effektiv sein“ (Sontheimer 1963, S. 180).

Deweys Demokratietheorie basiert, im Gegensatz zu den anderen, nicht auf politikwissenschaftlichen, sondern auf pädagogischen bzw. philosophischen Überlegungen. Dennoch lassen sich Gemeinsamkeiten zu den politikwissenschaftlichen Theorien feststellen, u. a. in der Betonung der zwischenmenschlichen Kommunikation. Darüber hinaus wird in allen Ansätzen deutlich, dass es Institutionen und Strukturen braucht, die die (zukünftigen) Erwachsenen zum Partizipieren befähigen. In diesem Kontext zeigen sich dann auch die disziplinären Unterschiede: Dewey beschreibt Bildungsinstitutionen als wichtige Akteure bei der Abmilderung von wirtschaftlichen Ungleichheiten und Zugangsbarrieren, und er berücksichtigt Kinder explizit als Akteure. Bildungsinstitutionen wie Schulen oder Kindergärten werden bei Dewey zu bedeutsamen Orten für den Erhalt und die Weiterentwicklung der Demokratie, und sie müssen deswegen für alle Kinder die Möglichkeiten schaffen, die diese für ihre individuelle Selbstverwirklichung benötigen (Dewey 2000).

Abschließend kann festgehalten werden, dass aus allen hier dargestellten Theorien u. a. die Betonung des Gleichheitsanspruchs, die Meinungsfreiheit, die Unterstützung der (kindlichen) Selbstwirksamkeit und Selbstentfaltung sowie die Möglichkeit zur Partizipation an allen (die Kinder) betreffenden Angelegenheiten als verbindende und für eine Demokratiepädagogik relevante Elemente abgeleitet werden – die so überwiegend auch bereits in rechtlichen Grundlagen (vgl. Kapitel 4) sowie in frühpädagogischen Ansätzen (vgl. Kapitel 6) aufgegriffen werden.

4 Rechtliche Rahmenbedingungen

Die moderne Demokratie ist ein äußerst voraussetzungsvolles politisches Ordnungsarrangement. Sie beruht nicht allein auf den Institutionen der Exekutive, Legislative und Judikative, sondern ebenso auf einem von Anerkennung, Beteiligung und Konsensbereitschaft getragenem Wertesystem. Letzteres allerdings ist nicht leicht herzustellen. Es muss erlernt, erprobt und gelebt werden – und das, darüber herrscht in der Forschung Einigkeit (Levitsky/Ziblatt 2018; Straßenberger/Münkler 2016; Böckenförde 2007), so umfassend und früh wie möglich.

Bildung und Wertevermittlung sind daher für die Demokratie unerlässlich und im Sinne einer Conditio sine qua non auch rechtlich festgeschrieben. Wie sich nun genau das rechtliche Fundament frühkindlicher Demokratiebildung zusammensetzt, welche Ebenen und Aspekte es umfasst, erläutert das folgende Kapitel. Ausgangspunkt ist dabei die „Allgemeine Erklärung der Menschenrechte“[2]. Sie wurde 1948 von der Generalversammlung der *Vereinten Nationen* mit dem Postulat verabschiedet, dass jeder Mensch über subjektive, nicht zu suspendierende Rechte verfügt und Staaten, genauso wie transnationale Institutionen diese zu gewährleisten haben (Martinsen 2019).

Die allgemeinen Menschenrechte, so wie sie die *Vereinten Nationen* nach dem Zweiten Weltkrieg festgeschrieben haben, stehen aufgrund ihres weltweiten Geltungsanspruchs also am Anfang dieses Kapitels. Sie sind Bestandteil des Völkerrechts und bilden zugleich das entscheidende politische Referenzwerk für themen- und gruppenspezifische Erweiterungen wie die im Jahr 1989 verabschiedete „UN-Kinderrechtskonvention“. Anschließend richtet sich der Blick auf die europäische Ebene und die dort verankerten rechtsnormativen Vorgaben hinsichtlich frühkindlicher Demokratiebildung. Sie sind jüngeren Datums bzw. im Aufbau, unterstreichen aber den politischen Willen der europäischen Institutionen, nach „innen“ wie nach „außen“ für Menschenrechte im Allgemeinen und Kinderrechte im Besonderen einzutreten. Abschließend wird das in der Bundesrepublik seit 1990 gültige Kinder- und Jugendhilfegesetz – das Kinder als eigenständige Rechtssubjekte ausweist und ihnen ein unveräußerliches Bildungs- und Mitspracherecht zuspricht – erläutert. Aufgrund des föderalen Aufbaus der Bundesrepublik und der daraus folgenden Bildungshoheit der Länder wird in diesem

2 A/RES/217 A (III), Resolution der Generalversammlung, Allgemeine Erklärung der Menschenrechte, verfügbar unter: https://www.un.org/depts/german/menschenrechte/aemr.pdf (17.12.2020)

Abschnitt ebenfalls geklärt, was der Bund im Hinblick auf frühkindliche Demokratiebildung vorgibt und wie die Länder in diesem Themenfeld handeln. Das Kapitel endet mit einer Darstellung der Bildungspläne der Länder, also einem Überblick über die demokratiepädagogischen Rahmensetzungen, die die Länder in den Kindertageseinrichtungen aktuell geben.

4.1 Abkommen auf globaler Ebene

In der Demokratie sind bestimmte Rechte nicht verhandelbar oder widerrufbar. Das heißt: Grundlegende Rechte wie Meinungs-, Versammlungs- oder Organisationsfreiheit stehen im demokratischen Prozess nicht zur Disposition, sondern machen diesen überhaupt erst möglich (Cheneval 2015). Dass ein demokratisch verfasster Staat sich eines bestimmten Rechtsrahmens bedienen und diesen als gesetzt behandeln kann, ist aber wiederum nur möglich, weil es eine global gültige Institution wie die „Allgemeine Erklärung der Menschenrechte“ gibt. Diese wurde nach dem Ende des Zweiten Weltkrieges mit dem Ziel verabschiedet, dass künftig jedes Individuum in Freiheit, Gerechtigkeit und Frieden leben kann. Jeder Mensch verfügt demnach über Rechte, die unveräußerlich und universell sind.

Allerdings stellt die in Paris verkündete Erklärung keinen völkerrechtlich bindenden Vertrag dar. Sie ist vielmehr eine Resolution, die als völkerrechtliche Norm zu begreifen ist und auf diesem Wege ihre Wirkung entfaltet. Denn auch wenn ihre Umsetzung nicht einklagbar ist, sind dennoch alle Staaten, die den *Vereinten Nationen* angehören, dazu angehalten, die Umsetzung und Einhaltung der Menschenrechte zu gewährleisten. Die Vertragsstaaten und ihre Organe müssen im Sinne einer völkerrechtlichen Selbstverpflichtung selbst die Menschenrechte achten (Achtungspflicht), sie müssen gesetzliche Maßnahmen ergreifen, um ihre Bürger_innen vor Menschenrechtsverletzungen durch Dritte zu schützen (Schutzpflicht) und sie müssen die Implementierung von Menschenrechten durch eigene positive Leistungen sicherstellen (Gewährleistungspflicht) (Krennerich 2009).

Neben den Staaten, die in einer Welt von Nationalstaaten zuvorderst für die Umsetzung und Achtung der Menschenrechte verantwortlich sind, haben zusätzlich auch transnationale Institutionen dafür Sorge zu tragen, dass die Menschenrechte Beachtung finden. Auch sie haben in ihren zahlreichen Abkommen und Verträgen die allgemeinen Menschenrechte stets zu berücksichtigen – was zusammengenommen dazu führt, dass die Wirkung, die von der „Allgemeinen Erklärung der Menschenrechte“ ausgeht, mehr als eine „grundrechtliche Verbürgung“ darstellt (Martinsen 2019, S. 12). Diese formuliert im Namen der *Vereinten Nationen* einen normativen Geltungsanspruch, dem alle Staaten und

Einrichtungen der *Vereinten Nationen* Folge zu leisten haben. Dadurch gründet sich auf ihr das, was als „modernes Menschenrechtsregime" bezeichnet wird und so unterschiedliche Errungenschaften umfasst wie den „Internationalen Pakt über bürgerliche und politische Rechte (UN-Zivilpakt), den „Internationalen Pakt über wirtschaftliche, soziale und kulturelle Rechte" (UN-Sozialpakt), den UN-Hochkommissar für Menschenrechte, den *Internationalen Strafgerichtshof* oder die regionalen Schutzsysteme, die für Amerika, Afrika und Europa entwickelt wurden (Krennerich 2009).

Was nun ebenfalls zu den wesentlichen Bestandteilen des modernen Menschenrechtsregimes gehört, sind die Rechte des Kindes. Auch sie sind aufs Engste mit der Entstehung und Entwicklung der allgemeinen Menschenrechte in der zweiten Hälfte des 20. Jahrhunderts verbunden. Ohne die „Allgemeine Erklärung der Menschenrechte", so die in der Forschung unumstrittene Feststellung, gäbe es weder die „UN-Kinderrechtskonvention" noch das 1990 in der Bundesrepublik in Kraft getretene Kinder- und Jugendhilfegesetz (Martinsen 2019; Kerber-Ganse 2009). Die Dynamik, die 1945 nach der Gründung der *Vereinten Nationen* und 1948 nach der „Allgemeinen Erklärung der Menschenrechte" entstand, war demzufolge nicht nur maßgeblich für die Implementierung des Menschenrechtssystems im Allgemeinen, sondern ganz konkret auch für die Entwicklung der Kinderrechte.

Und trotzdem war die Entstehung eigenständiger Kinderrechte in der zweiten Hälfte des 20. Jahrhunderts alles andere als ein Selbstläufer. Sie mussten vielmehr in vielen kleinen Etappen erkämpft und erarbeitet werden – und das paradoxerweise nicht nur unter Zuhilfenahme der „Allgemeinen Erklärung der Menschenrechte", sondern auch gegen sie. Denn so bedeutend diese Erklärung auf der einen Seite für das gesamte moderne Menschenrechtsregime war und ist, so schwierig war es auf der anderen Seite für die Verfechter separater Kinderrechte, sich von den allgemeinen Menschenrechten zu lösen und auf universale Kinderrechte hinzuwirken.

Kinder, so der von Kritikern vorgebrachte Einwand, bräuchten nämlich kein eigenständiges Schutzabkommen, da sie ja bereits unter dem Schutz der „Allgemeinen Erklärung der Menschenrechte" stünden (Maywald 2012; Kerber-Ganse 2009). Die allgemeinen Menschenrechte wären für alle Menschen gültig, alle Menschen seien sowohl frei als auch „gleich an Würde und Rechten geboren"[3]. Doch eigenständige Kinderrechte als symbolpolitische Imitation der allgemeinen Menschenrechte zu werten, verkennt die nicht zu überwindenden Unterschiede

3 A/RES/217 A (III), Resolution der Generalversammlung, Allgemeine Erklärung der Menschenrechte, Artikel 1, verfügbar unter: https://www.un.org/depts/german/menschenrechte/aemr.pdf (17.12.2020)

zwischen Kindern und Erwachsenen. Was die Kritik an der Kinderrechtskonvention nämlich übersieht, verkennt oder ausblendet, ist, dass Erwachsene und Kinder zwar gleichwertige Menschen, aber nicht gleich sind. Anders als Erwachsene können Kinder aufgrund ihrer spezifischen sozialen Situation nicht allein als „Seiende" betrachtet werden, ihr Status ist vielmehr unaufhebbar auch einer von „Werdenden", was in den Augen der Kinderrechtsbefürworter wiederum bedeutet, dass Kinder eine Schutzgruppe ausmachen, die zwingend eine separate Auslegung der allgemeinen Menschenrechte benötigt. Die Menschenrechte des Kindes, so wie sie sich in der zweiten Hälfte des 20. Jahrhunderts etabliert haben, sind also keine Reformulierung oder Kopie der „Allgemeinen Erklärung der Menschenrechte", sondern widmen sich gezielt aus dem „Zentrum des menschenrechtlichen Denkens" heraus der speziellen Situation von Kindern (Kerber-Ganse 2009, S. 71). Sie spezifizieren und erweitern die allgemeinen Menschenrechte mit Blick auf die konkreten Belange von Kindern und müssen so explizit auch als „Menschenrechte für Kinder" verstanden werden (Maywald 2012, S. 17).

Was demzufolge das Verhältnis von Menschenrechten und Kinderrechten betrifft, ist aus Sicht der Forschung eindeutig: Dass Letztere aufgrund der besonderen Schutzbedürftigkeit von Kindern einen eigenständigen Bereich abdecken, sie trotzdem aber mit den allgemeinen Menschenrechten verbunden bleiben, sich auf diese beziehen und sie ergänzen (Kittel 2020).

Allgemeine Erklärung der Menschenrechte

Die Idee universeller Menschenrechte ist keine Erfindung der Moderne. Das heißt: Nicht erst seit dem Zeitalter der Weltkriege werden für Menschen aufgrund ihres Menschseins unveräußerliche Schutzrechte gefordert. Bereits seit der Aufklärung im 16./17. Jahrhundert ist im euro-atlantischen Raum die Forderung virulent, Menschen aufgrund ihrer „Natur" mit herrschafts- und gewaltbegrenzenden Rechten auszustatten (Hoffmann 2010). Doch so früh der menschenrechtsphilosophische Diskurs auch eingesetzt hat, zum festen Bestandteil nationaler wie internationaler Politik wird die Idee einer dem Individuum zustehenden Schutzwürdigkeit erst Mitte des 20. Jahrhunderts mit der „Allgemeinen Erklärung der Menschenrechte". Diese markiert hinsichtlich der grenzüberschreitenden Anerkennung unveräußerlicher Grundrechte den entscheidenden Durchbruch und steht daher am Anfang dessen, was der italienische Politiktheoretiker Norberto Bobbio als das „Zeitalter der Menschenrechte" bezeichnet (Bobbio 1998).

Insgesamt 30 Artikel umfasst die „Allgemeine Erklärung der Menschenrechte", wobei es darunter inhaltliche Maxima und Minima gibt. Als Maxima gelten gemeinhin existenzielle Rechte wie das Recht auf Leben, auf Sicherheit, Freiheit oder Eigentum; Minima, wie beispielsweise das Recht auf Arbeit oder

Freizeit, werden als nachgeordnet betrachtet (Köhler 1999). Was aus demokratiepädagogischer Sicht zu den Maxima der Erklärung gezählt werden muss, ist zweierlei: Zum einen das in der Erklärung festgeschriebene Recht auf Bildung zum anderen das Recht auf soziale und kulturelle Teilhabe. Konkret heißt das: Die „Allgemeine Erklärung der Menschenrechte" proklamiert in Artikel 26, dass jeder Mensch ein Recht auf Bildung hat; diese muss unentgeltlich sein und jedem Menschen helfen, grundlegende Fähigkeiten zu erlangen.

Aber nicht nur die Erlangung von praktischem Grund- und Fachwissen zählt nach Artikel 26 der allgemeinen Menschenrechte zum Katalog der unveräußerlichen Grundrechte. Was ebenfalls zum Recht auf Bildung gehört, ist, dass Menschen die elementaren Bestandteile eines im Wesentlichen demokratischen Miteinanders vermittelt wird. Neben der generellen Stärkung des Menschenrechtsbewusstseins ist hier dementsprechend von demokratischen Grundwerten wie Toleranz, Empathie und Freundschaft im Sinne von Anerkennung Dritter die Rede. Bildung „muss auf die volle Entfaltung der menschlichen Persönlichkeit und auf die Stärkung der Achtung vor den Menschenrechten und Grundfreiheiten gerichtet sein. Sie muss zu Verständnis, Toleranz und Freundschaft zwischen allen Nationen und allen rassischen oder religiösen Gruppen beitragen und der Tätigkeit der *Vereinten Nationen* für die Wahrung des Friedens förderlich sein"[4].

Welchen Stellenwert das an demokratischen Grundgedanken orientierte soziale Miteinander hat, verdeutlicht in der „Allgemeinen Erklärung der Menschenrechte" auch das dort proklamierte Recht auf Teilhabe. Dieses beginnt in einer engen Auslegung zunächst mit dem in Artikel 15 festgeschriebenen Recht auf Staatszugehörigkeit[5]. Jeder Mensch hat hierauf einen unveräußerlichen Anspruch. Die Zugehörigkeit zu einem staatlichen Gemeinwesen darf niemandem in willkürlicher Art und Weise aberkannt werden ebenso wie keinem Menschen das Recht verwehrt werden darf, seine Staatszugehörigkeit zu wechseln.

Aber nicht nur in formaler Hinsicht hat laut der „Allgemeinen Erklärung der Menschenrechte" jeder Mensch das Recht auf Zugehörigkeit; auch bezüglich der innergesellschaftlichen Teilhabe verfügt jeder Mensch über unveräußerliche Rechte. So heißt es in Artikel 22, dass jedes Mitglied einer Gesellschaft über das Recht auf soziale Sicherheit verfügt und dass ein Staat die Mittel zur Wahrnehmung dieses Rechts sicherzustellen hat. Ziel ist ein würdevolles und autarkes Le-

---

4 A/RES/217 A (III), Resolution der Generalversammlung, Allgemeine Erklärung der Menschenrechte, Artikel 26, verfügbar unter: https://www.un.org/depts/german/menschenrechte/aemr.pdf (18.12.2020)

5 Dass politische Partizipation ohne das Prinzip der Staatsbürgerschaft ausdrücklich nicht zu den grundlegenden Menschenrechten gezählt wird, hat jüngst Franziska Martinsen verdeutlicht (vgl.: Martinsen 2019, S. 13ff.)

ben – und das in wirtschaftlicher, sozialer und kultureller Hinsicht. Denn nur auf dieser Basis, so die hinter diesem Artikel stehende Idee, ist ein innergesellschaftliches Miteinander ebenso wie ein internationaler Frieden möglich.

Dass Teilhabe ein unveräußerliches Menschenrecht ist, welches den ökonomischen genauso wie den soziokulturellen Zugang zur Gesellschaft ermöglicht, macht abschließend auch Artikel 27 der „Allgemeinen Erklärung der Menschenrechte“ deutlich. In ihm, der das Kulturleben zum Gegenstand hat, heißt es, dass jeder Mensch – ebenfalls als eine Art Voraussetzung von Sozialität – das Recht hat, am „kulturellen Leben der Gemeinschaft teilzunehmen“[6], er am wissenschaftlichen Fortschritt partizipieren und sich an den Künsten erfreuen können muss.

Das Recht auf Bildung und das Recht auf Teilhabe gehören also zu den Wesensmerkmalen der allgemeinen Menschenrechte. Sie verteilen sich auf mehrere Artikel und schreiben dem Einzelnen das Recht auf ein sicheres, selbstbestimmtes und würdevolles Leben zu. Ihr Ziel liegt darin, es jedem Menschen zu ermöglichen, eine Persönlichkeit zu entwickeln, bestimmte Fertigkeiten zu erwerben und eigenständig sein Leben zu bestreiten. Darüber hinaus wird Bildung und Teilhabe in der „Allgemeinen Erklärung der Menschenrechte“ auch explizit eine über das Individuum hinausgehende Funktion attestiert. Indem beide nämlich dem Menschen einen inklusiven und kooperativen Erfahrungsraum ermöglichen, bereiten sie einem gemeinschaftlichen Miteinander den Boden.

Dass sich all diese demokratiestärkenden Elemente schließlich im Wesentlichen auch in der 40 Jahre später verabschiedeten „UN-Kinderrechtskonvention“ wiederfinden und dort speziell auf Kinder zugeschnitten werden, ist also das Ergebnis eines jahrzehntelangen menschenrechtlichen Diskurses, dessen Anfang die „Allgemeine Erklärung der Menschenrechte“ markiert. Ohne sie gäbe es weder den völkerrechtlichen Bezugsrahmen für weltweite Kinderrechte noch ein gefestigtes politisch-moralisches Bewusstsein, Menschen in ihrem Leben zu schützen, zu fördern und zu beteiligen.

Kinderrechtskonvention

Am 20. November 1989 ist es den *Vereinten Nationen* mit dem „Übereinkommen über die Rechte des Kindes“ gelungen, einen weiteren Meilenstein des internationalen Menschenrechtssystems zu implementieren. Die sogenannte „UN-Kinderrechtskonvention“ wird einstimmig verabschiedet und hat zum Ziel, erst-

---

6 A/RES/217 A (III), Resolution der Generalversammlung, Allgemeine Erklärung der Menschenrechte, Artikel 27, verfügbar unter: https://www.un.org/depts/german/menschenrechte/aemr.pdf (18.12.2020)

mals in der Geschichte der Menschheit Kindern grundlegende Schutzrechte, Förder- und Beteiligungsrechte zu garantieren. 196 Staaten haben die Konvention bis heute ratifiziert und damit zugesichert, Kinderrechte als „self executing rights", also als völkerrechtlich verbindliche Rechte zu behandeln (Olk/Roth 2007; Kerber-Ganse 2009).

Dass die Konvention innerhalb des internationalen Menschenrechtssystems einen besonderen Stellenwert hat, liegt aber nicht nur an dem breiten, sie tragenden Konsens, sondern insbesondere an ihrem Inhalt. Sie vereine nämlich, so Jörg Maywald, „die bisher größte Bandbreite fundamentaler Menschenrechte – ökonomische, soziale, kulturelle, zivile und politische – in einem einzigen Vertragswerk" und müsse deshalb als etwas Einmaliges betrachtet werden (Maywald 2012, S. 24). Auch Waltraut Kerber-Ganse (2009) wertet die Konvention als einen wesentlichen rechtspolitischen Fortschritt und hebt, in Ergänzung zu Maywald, insbesondere die durch sie geschaffene Subjektsetzung von Kindern hervor. Kinder werden in der Konvention nicht nur zu Trägern eigenständiger Rechte, die Konvention geht sogar so weit, dass Kinder im Hinblick auf ihren Schutz selbst „ein Wort mitzureden haben" (Kerber-Ganse 2009, S. 234).

Entstanden ist die „UN-Kinderrechtskonvention" – ebenso wie die „Allgemeine Erklärung der Menschenrechte" – prozesshaft. Es ist zunächst der Initiative des *Völkerbundes*, der Vorläuferorganisation der 1945 gegründeten *Vereinten Nationen* zuzuschreiben, dass mit der Genfer Deklaration die Staaten der Welt 1924 erstmals aufgefordert wurden, der besonderen Schutzbedürftigkeit von Kindern Rechnung zu tragen. Die Staaten, so heißt es im Text der Deklaration, müssten Bedingungen schaffen, sodass jedes Kind über die Möglichkeit verfügt, „sich sowohl in materieller wie in geistiger Hinsicht in natürlicher Weise zu entwickeln"[7].

Nun war die Genfer Deklaration im Kern freilich nicht mehr als ein auf das Elend des Ersten Weltkrieges reagierender, unverbindlicher Appell. Dennoch ist sie für die Entwicklung der Kinderrechte von immenser Bedeutung, da sie als erstes internationales Dokument die gesonderte Schutzbedürftigkeit von Kindern anerkannte und damit ein Ziel umriss, das die Politik künftig nicht mehr umgehen konnte. Anders als es angesichts derartiger Erfolge zu erwarten gewesen wäre, verstärkte sich in den folgenden Jahren nun aber die kinderrechtspolitische Dynamik zunächst nicht weiter, sondern ebbte trotz einzelner Bemühungen eher wieder ab. Erst 55 Jahre später (anlässlich des „Internationalen Jahres des Kindes" 1979) begann die nächste Etappe, um weltweit verbindliche Kinderrechte zu implementieren.

---

7 Genfer Erklärung des Völkerbundes vom 26.09.1924; verfügbar unter: https://www.kinderrechtskonvention.info/die-genfer-erklaerung-3336 (18.12.2020)

Es war die polnische Regierung, die sich im Februar 1978 in Sorge um das weltweite Wohlergehen von Kindern an die Menschenrechtskommission der *Vereinten Nationen* wandte und dort einen Antrag zur Erarbeitung einer verbindlichen Kinderrechtskonvention einreichte (Maywald 2010; Kittel 2020). Zehn Jahre dauerten im Anschluss die Beratungen, bis die heutige „UN-Kinderrechtskonvention“ stand[8]. Sie wurde einstimmig angenommen und stellt mehr als nur einen kinderrechtspolitischen Durchbruch dar: Denn während die Genfer Deklaration von 1924 und ihre Erweiterung, die Erklärung über die Rechte des Kindes aus dem Jahr 1959, Leitsätze, Bekenntnisse oder Absichtserklärungen waren, ist die „UN-Kinderrechtskonvention“ rechtlich bindend. Die Vertragsstaaten, die der Konvention als völkerrechtlichem Vertrag beigetreten sind, erklären sich durch den Beitritt dazu bereit, die vertraglichen Vorgaben in geltendes nationales Recht umzusetzen (Dederer 2019). Sie verpflichten sich durch Artikel 4 der Konvention, alle „geeigneten Gesetzgebungs-, Verwaltungs- und sonstige[n] Maßnahmen zur Verwirklichung der in diesem Übereinkommen anerkannten Rechte“[9] zu treffen.

Formal rechtlich ist die Konvention also der Durchbruch für die Implementierung weltweiter Kinderrechte. Und auch aus inhaltlicher Sicht steht die Konvention für eine beträchtliche Weiterentwicklung. Es sind nicht mehr einige wenige Artikel, die, wie ihre Vorgängerdeklarationen den Inhalt bündeln. Der Konvention stehen vielmehr vier allgemeine Prinzipien eingeschrieben: das Prinzip zur Nicht-Diskriminierung, zum Kindeswohl, zum Recht auf Leben und Entwicklung sowie zur Berücksichtigung der Meinung des Kindes in den es betreffenden Angelegenheiten. Diese Prinzipien sind den Artikeln der Konvention vorangestellt, leiten deren Gesamtinterpretation an und strukturieren, wie die Konvention in nationale Programme zu übertragen ist. Alle 54 Artikel der Konvention sind dementsprechend mit diesen vier zentralen Leitlinien verbunden, tragen ihnen Rechnung und entfalten nur mit ihnen Wirkung (Kerber-Ganse 2009).

Was nun den Stellenwert von Bildung und Beteiligung in der Konvention betrifft, zeigt sich, dass diese sich – wie in der „Allgemeinen Erklärung der Menschenrechte“ – auf mehrere Artikel erstrecken. Dass Bildung und Entwicklung für die Konvention fundamentale Kinderrechte bilden, offenbart zunächst Artikel 6 und das darin festgeschriebene Recht auf Leben. Dies spricht Kindern existenziellen Schutz zu, macht aber auch deutlich, dass ein Recht auf Leben bei Kindern

---

8 44/25 Übereinkommen über die Rechte des Kindes. 20. November 1989; verfügbar unter: https://www.un.org/Depts/german/uebereinkommen/ar44025.pdf (18.12.2020)

9 44/25 Übereinkommen über die Rechte des Kindes. 20. November 1989, Artikel 4; verfügbar unter: https://www.un.org/Depts/german/uebereinkommen/ar44025.pdf (18.12.2020)

ebenso ein Recht auf Entwicklung bedeutet. „Die Vertragsstaaten gewährleisten in größtmöglichem Umfang das Überleben und die Entwicklung des Kindes“, heißt es dementsprechend in Artikel 6 Absatz 2[10]. Was diesen Artikel nun aber so besonders macht, ist nicht nur die hier festgehaltene Anerkennung des existenziellen Schutzbedürfnisses von Kindern, sondern auch, dass ihm ein erweitertes Verständnis von Entwicklung zugrunde liegt. Denn eine umfassende Kindesentwicklung basiert einerseits auf den dafür erforderlichen unmittelbaren materiellen Voraussetzungen; andererseits gehören zu ihr immer auch immaterielle Faktoren wie die Vermittlung von Fertigkeiten, Handlungs- und Erfahrungswissen.

Dass Entwicklung ein Zusammenspiel aus materiellen und immateriellen Faktoren ist, wird ferner in Artikel 28 der Konvention ersichtlich. Hier nämlich ist explizit vom Recht auf Bildung die Rede. „Die Vertragsstaaten“, heißt es in ihm in kurzer und prägnanter Form, „erkennen das Recht des Kindes auf Bildung an“[11]. Um Chancengleichheit herzustellen, sei es Aufgabe der Vertragsstaaten, den Besuch einer Grundschule zur Pflicht und kostenfrei zu machen[12]. Anschließend müssten Kinder ferner die Möglichkeit haben, eine weiterführende Schule oder Ausbildungsstätte zu besuchen, die sie auf ein späteres Arbeits- und Erwerbsleben vorbereitet.

Zusätzlich zu diesem formulierten Recht auf Schulbildung macht die Konvention aber auch klar, dass zur Bildung von Kindern mehr als nur die unmittelbare Vorbereitung für ein Arbeits- und Erwerbsleben gehört: Bildung hat, wie es in Artikel 29 heißt, eine Persönlichkeit zur Entfaltung zu bringen und Kindern eine Wertschätzung gegenüber ihren Mitmenschen, der sie umgebenden Kultur und Umwelt zu vermitteln. Dass die Konvention über die Entfaltung individueller Fähigkeit hinausblickt und mit ihrem Bildungsverständnis zugleich das soziale Miteinander im Auge hat, wird des Weiteren an ihrer Forderung deutlich, die Vertragsstaaten müssen soziale Werte wie Gleichberechtigung, Toleranz oder Kompromissbereitschaft aktiv vermitteln. Ein Kind hat „auf ein verantwortungsbewusstes Leben in einer freien Gesellschaft im Geist der Verständigung, des Friedens, der Toleranz, der Gleichberechtigung der Geschlechter und der

10 44/25 Übereinkommen über die Rechte des Kindes, 20. November 1989, Artikel 6; verfügbar unter: https://www.un.org/Depts/german/uebereinkommen/ar44025.pdf (18.12.2020)

11 44/25 Übereinkommen über die Rechte des Kindes, 20. November 1989, Artikel 28; verfügbar unter: https://www.un.org/Depts/german/uebereinkommen/ar44025.pdf (18.12.2020)

12 Die UN-Kinderrechtskonvention benennt die frühkindliche Bildung allerdings nicht explizit, was sich laut Lothar Krappmann dadurch erklärt, dass eine hegemoniale Gruppe im Ausarbeitungsprozess der Konvention die Auffassung vertrat, frühkindliche Bildung sei zuvorderst mit der Familie verbunden. Um die politische Zustimmung zur Konvention nicht zu gefährden, wurde daher die frühe Kindheit hier ausgeklammert (vgl. Krappmann 2011, S. 6)

Freundschaft zwischen allen Völkern und ethnischen, nationalen und religiösen Gruppen sowie zu Ureinwohnern“[13] vorbereitet zu werden. Kurzum: Nur wenn Kindern frühzeitig derartige soziokulturelle Werte vermittelt werden, ist ein von Gleichheit und gegenseitiger Anerkennung geprägtes Miteinander möglich.

Aber laut Konvention ist es nicht allein Bildung, die zu Kooperation, Sozialität und Zusammenhalt führt. Auch soziale und kulturelle Partizipation sei eine Art Voraussetzung für eine funktionierende Gesellschaft, weshalb die Kinderrechtskonvention von den Vertragsstaaten umfassende Maßnahmen zur Sicherstellung dieser Form von Beteiligung fordert. So muss zunächst die Gedanken- und Meinungsfreiheit von Kindern, aber auch ihr Recht auf Mitsprache in allen sie betreffenden Angelegenheiten garantiert werden. Erst wenn diese Rahmenbedingungen geschaffen sind, können sich Kinder einbringen und beteiligen.

Von ähnlicher Bedeutung ist laut Konvention auch das in Artikel 31 festgeschriebene Recht des Kindes auf Beteiligung am kulturellen Leben. Die Vertragsstaaten haben nämlich im Sinne eines funktionierenden Miteinanders die Pflicht, Kinder in künstlerischen Bereichen zu fördern und hierfür die Mittel bereitzustellen. Nicht nur das Miteinander selbst sei ein durch das Feld der Kunst und Musik geschaffener gesellschaftlicher Wert, sondern ebenso die dadurch entstehende inhaltliche Kontroverse.

4.2 Abkommen auf europäischer Ebene

Das europäische Menschen- und Kinderrechtesystem, so wie es sich gegenwärtig darstellt, basiert im Kern auf zwei zentralen Säulen: Einerseits wird es von der „Europäischen Menschenrechtskonvention“ getragen, andererseits von der „Charta der Grundrechte der Europäischen Union“. Zunächst war es allerdings lange Zeit allein die „Europäische Menschenrechtskonvention“, die die Implementierung und Einhaltung der Menschenrechte in Europa vorantrieb. Sie wurde 1950 von dem nur ein Jahr zuvor gegründeten *Europarat* mit dem Ziel verabschiedet, alle seine Mitgliedstaaten dazu zu verpflichten, auf ihrem Territorium die Kinder- und Menschenrechte anzuerkennen. 47 Staaten, einschließlich Russland und Türkei, sind Teil des *Europarats* – was bedeutet, dass sie alle die Umsetzung der „Europäischen Menschenrechtskonvention“ in ihrer nationalen Rechts- und Verwaltungsordnung zugesichert haben. Dass die Mitgliedsstaaten die in der Konvention niedergelegten Rechte auch in ihrer Rechts- und Verwaltungspraxis berücksichtigen,

13 44/25 Übereinkommen über die Rechte des Kindes, 20. November 1989, Artikel 29; verfügbar unter: https://www.un.org/Depts/german/uebereinkommen/ar44025.pdf (18.12.2020)

wird vom *Europäischen Gerichtshof für Menschenrechte* überwacht. Dieser wurde wenige Jahre nach der Ratifizierung der „Europäischen Menschenrechtskonvention" mit Sitz im französischen Straßburg eingerichtet und spricht, was in der internationalen Rechtsordnung eine Ausnahme darstellt, Urteile, die von den Staaten zwingend anerkannt und nachvollzogen werden müssen.

Die „Charta der Grundrechte der Europäischen Union", die zweite Säule des europäischen Menschenrechtssystems, wurde demgegenüber erst im Jahr 2000 auf dem Gipfel von Nizza verabschiedet. Vorausgegangen war ihr eine lange Debatte darüber, ob die Europäische Union ein eigenes Abkommen benötigt oder ob sie sich der „Europäischen Menschenrechtskonvention" anschließen soll. Die Entscheidung für einen eigenen Menschenrechtsschutz wurde 1999 vom *Europäischen Rat* getroffen und mündete in eine Charta, die in ihren Standards stark an die „Europäische Menschenrechtskonvention" angelehnt ist. Nichtsdestoweniger ist die Charta für den europäischen Menschenrechtsschutz ein Fortschritt, da sie – wie die allgemeinen Menschenrechte – „nicht nur zivile und politische, sondern auch soziale, wirtschaftliche und kulturelle Rechte umfasst" (Tretter 2009).

Und auch hinsichtlich ihrer Geltung stellt die Menschenrechtscharta der Europäischen Union einen Fortschritt dar: Denn, wie Hans-Georg Dederer mit Blick auf die in ihr referierten Kinderrechte hervorhebt, bindet die EU-Grundrechtecharta sowohl Unionsorgane als auch die Mitgliedsstaaten der Europäischen Union (Dederer 2019). Letztere sind aufgrund zweier wegweisender Urteile des *Europäischen Gerichtshofs* dazu verpflichtet, dem Unionsrecht Vorrang zu gewähren, was im Fall der EU-Grundrechtecharta wiederum nichts anderes bedeutet, als dass auch diese über nationalem Recht steht und Berücksichtigung finden muss (Dederer 2019; Grimm 2016). Der Menschenrechtsschutz in Europa verfügt mit der EU-Grundrechtecharta und der Menschenrechtskonvention des *Europarats* demnach über zwei separate, starke Pfeiler, die zwar nicht frei von Defiziten sind, aber die Umsetzung der Menschenrechte effizient fördern und fordern.

Europäische Menschenrechtskonvention

Inhaltlich wie formal ist die „Europäische Menschenrechtskonvention" an der „Allgemeinen Erklärung der Menschenrechte" ausgerichtet. Sie benennt einen Katalog unveräußerlicher Grundrechte wie das Recht auf Leben, das Recht auf Freiheit und Sicherheit oder die Freiheit auf Meinungsäußerung und ebenso das Diskriminierungsverbot, ohne dabei allerdings speziell auf Kinder einzugehen[14].

14 Die Europäische Menschenrechtskonvention in der Fassung der Protokolle Nr. 11 und 14 samt Zusatzprotokoll und Protokolle Nr. 4, 6, 7, 12, 13 und 16, S. 6ff.; verfügbar unter: https://www.echr.coe.int/Documents/Convention_DEU.pdf (18.12.2020)

Wie in der „Allgemeinen Erklärung der Menschenrechte“ sind also auch in der Menschenrechtskonvention des *Europarats* keine eigenständigen Kinderrechte ausgewiesen.

Im April 2016 hat der *Europarat* erklärt, diese „Lücke“ überwinden zu wollen und an einer eigenen Umsetzung der „UN-Kinderrechtskonvention“ zu arbeiten. Er hat deshalb die sogenannte „Strategie des Europarats für die Rechte des Kindes“ verabschiedet. Diese identifiziert zentrale Gegenwartsherausforderungen wie Armut, soziale Ungleichheit, Gewalt, Diskriminierung und ein in Teilen lückenhaftes Rechtssystem, um darin nicht nur ein allgemeines Menschenrechtsproblem, sondern auch konkret Defizite im Schutz von Kinderrechten auszumachen. „Ungeachtet der erzielten Fortschritte“, heißt es in dem Strategiepapier des *Europarats*, „werden die Rechte von Kindern täglich verletzt. Nach wie vor bestehen Lücken im gesetzlichen Schutz von Kindern und erst recht zwischen Recht und Anwendung.“[15]

Um dem entgegenzuwirken und Kinder als faktische Rechtssubjekte zu stärken, sollen in den 47 Mitgliedsstaaten, so der *Europarat*, bis 2021 insbesondere fünf kinderrechtspolitische „Prioritätsbereiche“ bearbeitet werden: Chancengleichheit für alle Kinder, Partizipation aller Kinder, ein gewaltfreies Leben für alle Kinder, eine kindgerechte Justiz und die Implementierung von Kinderrechten in der digitalen Welt[16]. All diese Felder sind als kinderrechtspolitische Schlüsselfelder zu begreifen und müssen im Sinne eines zukunftsfähigen Europas dringend angegangen werden. Damit das auch gelingt, sollen bestehende Standards wie die „UN-Kinderrechtskonvention“, die „Europäische Menschenrechtskonvention“ oder die „Europäische Sozialcharta“ besser umgesetzt, neue Partnerschaften zwischen staatlichen und nicht staatlichen Akteuren geschaffen werden, die kinderrechtspolitische Aufklärung gestärkt und die Implementierung rechtlicher Standards in allen Mitgliedsländern kritisch evaluiert werden.

Was aus demokratiepädagogischer Sicht das Strategiepapier des *Europarats* nun aber besonders macht, sind im Kern zwei Aspekte: Zum einen greift das Papier die Digitalisierung auf, die nach Überzeugung des *Europarats* auch für den Kinderrechtsschutz eine immense, nicht länger zu übergehende Herausforderung darstellt; zum anderen betont es, wie wichtig die Partizipation von Kindern für ein demokratisches Miteinander ist. Mit dem Punkt „Rechte des Kindes in einer digitalen Welt“ wird also einer technischen, medialen und sozialen Entwicklung Rechnung getragen, die sich seit mittlerweile mehr als drei Jahrzehnten

15 Strategie des Europarats für die Rechte des Kindes (2016-2021), März 2016, S. 7.; verfügbar unter: https://rm.coe.int/strategie-des-europarats-fur-die-rechte-des-kindes-2016-2021-/1680931c78 (18.12.2020)

16 Strategie des Europarats für die Rechte des Kindes (2016-2021), März 2016, S. 10ff.; verfügbar unter: https://rm.coe.int/strategie-des-europarats-fur-die-rechte-des-kindes-2016-2021-/1680931c78 (18.12.2020)

auf nahezu alle Lebensbereiche auswirkt und daher dringend auch neue grundrechtliche Regelungen erforderlich macht (Nassehi 2019).

Insbesondere Kinder sind hinsichtlich ihrer Sicherheit, Meinungsfreiheit und Privatsphäre mit erheblichen neuen Gefahren und Risiken konfrontiert und benötigen folglich angepasste Schutzmaßnahmen[17]. Sie in der digitalen Welt zu schützen, ihnen dort Raum zuzusichern und sie in die dortige demokratische Lebensform einzuführen, sei eine zukunftsweisende Aufgabe, die sich im Hinblick auf das Wohl des Kindes, aber auch im Hinblick auf die Gesellschaft als Ganzes stellt. Die digitale Demokratiebildung des *Europarates* soll daher Kinder zur kreativen, kritischen und kompetenten Nutzung digitaler Medien befähigen und zugleich die demokratische Kultur stärken.

Auch im Hinblick auf alle anderen Lebensbereiche von Kindern sei es dringend erforderlich, deren Recht auf Beteiligung zu stärken. Eine beträchtliche Zahl von Kindern ist laut einer Erhebung des *Europarats* aus dem Jahr 2016 ausgegrenzt, erfährt Diskriminierungen und ist hinsichtlich eigener Rechte kenntnislos (Daly/Ruxton/Schuurman 2016, S. 21ff.). Unter Verweis auf die „Europäische Menschenrechtskonvention“ einerseits und die „UN-Kinderrechtskonvention“ andererseits fordert der *Europarat*, dass das Recht des Kindes auf Mitsprache und Beteiligung in allen es betreffenden Angelegenheiten gebührend berücksichtigt wird. Er beabsichtigt in diesem Sinne, seine Mitgliedsstaaten bei der Umsetzung der Partizipationsaufgabe aktiv zu unterstützen, die Weiterentwicklung kinderbezogener Rechtsstandards voranzutreiben und in Schulen Demokratie- und Menschenrechtsbildung auszubauen[18].

Charta der Grundrechte der Europäischen Union

Neben dem *Europarat* gibt es mit der Europäischen Union noch einen weiteren zentralen menschenrechtspolitischen und kinderrechtspolitischen Akteur in Europa. Denn auch die Europäische Union, die gegenwärtig aus 27 Mitgliedsstaaten besteht, bemüht sich um die Menschenrechte im Allgemeinen und die Grundrechte der EU-Bürgerinnen und -Bürger im Konkreten. Verbrieft sind Letztere in der „Charta der Grundrechte der Europäischen Union“, die im Jahr 2000 verabschiedet wurde und am 1. Dezember 2009 im Rahmen des EU-Reformvertrages von Lissabon in Kraft trat.

Die Charta verpflichtet alle EU-Einrichtungen dazu, die festgeschriebenen Grundrechte zu verankern und verlangt von allen nationalen Regierungen, bei

---

17 VN-Ausschuss für die Rechte des Kindes: Bericht über den Tag der allgemeinen Diskussion 2014 „Digitale Medien und Kinderrechte“, Mai 2015

18 Strategie des Europarats für die Rechte des Kindes (2016–2021), März 2016, S. 14; verfügbar unter: https://rm.coe.int/strategie-des-europarats-fur-die-rechte-des-kindes-2016-2021-/1680931c78 (18.12.2020)

der Umsetzung von EU-Recht stets das hier Proklamierte zu berücksichtigen (Dederer 2019). Sechs Leitkategorien rahmen die Charta – die Würde des Menschen, Freiheit, Gleichheit, Solidarität, Bürgerrechte und justizielle Rechte – und strukturieren deren Inhalt, zu welchem mit Artikel 24 explizit auch ein eigenständiger Kinderrechtsartikel gehört. In ihm wird der unveräußerliche Anspruch von Kindern auf Schutz und Fürsorge fixiert, deren Recht auf freie Meinungsäußerung betont und der Anspruch von Kindern auf „regelmäßige persönliche Beziehungen“ festgehalten[19]. Des Weiteren bestimmen auch die Artikel 32 und 21 die Rechte von Kindern. Letzterer konstatiert ein allgemeines Diskriminierungsverbot, wozu laut Charta ausdrücklich auch altersbedingte Diskriminierung zählt. Artikel 32 blickt auf den Schutzstatus von Kindern und betont, dass Kinderarbeit grundsätzlich verboten ist (Maywald 2012).

Wie sich nun aber schon der *Europarat* nicht allein auf die „Europäische Menschenrechtskonvention“ stützt, sondern sich konstant um politische Ergänzungen und Zusatzvereinbarungen bemüht, beschränkt sich auch die EU in ihrer kinderrechtspolitischen Arbeit nicht auf die Charta der Grundrechte. Vielmehr hat sie 2006, also noch vor dem Inkrafttreten der Charta im Dezember 2009, erklärt, Kinderrechte separat in der Union ausbauen und verankern zu wollen[20]. In der „EU-Agenda für die Rechte des Kindes“ aus dem Jahr 2011 heißt es demzufolge, dass sowohl der Vertrag von Lissabon als auch die Grundrechtecharta der EU Kinderrechten einen hohen Stellenwert einräumen und diese mithilfe „konkreter Maßnahmen“ dringend weiter gestärkt werden müssen[21].

Inhaltlich geht es der Kommission um drei zentrale Punkte: Die Entwicklung eines kindgerechten Justizsystems, die Förderung von Kinderrechten in Drittstaaten und der Ausbau partizipatorischer Elemente für Kinder. All dies gilt es aus Sicht der Kommission für das 21. Jahrhundert zu bearbeiten und so voranzutreiben, dass das kinderrechtspolitische Handeln der EU-Organe und der EU-Mitgliedsstaaten stets als „beispielhaft“ gewertet wird. Rechtliche Grundlagen hierfür sind die „Charta der Grundrechte der Europäischen Union“ und die „UN-Kinderrechtskonvention“, die die EU-Einrichtungen und Mitgliedsstaaten

19 Charta der Grundrechte der Europäischen Union (2012/C 326/02), Titel III, Artikel 24; verfügbar unter: https://eur-lex.europa.eu/legal-content/DE/TXT/PDF/?uri=CELEX:12012P/TXT&from=EN (18.12.2020)

20 Vgl. Communication from the Commission, Towards an EU Strategy on the Rights of the Child, Com (2006) 367, 2006, verfügbar unter: https://eur-lex.europa.eu/LexUriServ/LexUriServ.do?uri=COM:2006:0367:FIN:EN:PDF (18.12.2020)

21 Mitteilung der Kommission an das Europäische Parlament, den Rat, den europäischen Wirtschafts- und Sozialausschuss und den Ausschuss der Regionen. Eine EU-Agenda für die Rechte des Kindes, Kom (2011) 60, S. 3., verfügbar unter: https://eur-lex.europa.eu/legal-content/DE/TXT/PDF/?uri=CELEX:52011DC0060&from=DE (18.12.2020)

in die Pflicht nehmen, Kinderrechte in allen relevanten Politikbereichen umzusetzen. Dass die EU-Kommission dies mit einer weiteren eigenen Agenda bekräftigt, ist ein wichtiges kinderrechtspolitisches Signal – wenngleich primär mit symbolpolitischer Kraft.

4.3 Nationale und länderbezogene Ebene

„Der freiheitliche, säkularisierte Staat lebt von Voraussetzungen, die er selbst nicht garantieren kann" (Böckenförde 2007, S. 71). Mit diesem Diktum hat Ernst-Wolfgang Böckenförde in einer bis heute einmaligen Prägnanz auf ein grundlegendes Problem der Demokratie hingewiesen. Denn, um zu funktionieren, zu bestehen und dem Anspruch einer freiheitlich egalitären Ordnung gerecht zu werden, benötigt diese nicht nur die Institutionen der Exekutive, Legislative und Judikative, sondern auch eine demokratische Kultur. In ihr nämlich liegen all jene Werte und (Alltags-)Praktiken, ohne die das demokratisch verfasste Gemeinwesen nicht funktioniert. Anerkennung, Toleranz, die Bereitschaft, sich aktiv in die öffentlichen Belange einzubringen oder die Fähigkeit zum Kompromiss sind wesentliche Voraussetzungen für den demokratischen Verfassungsstaat – und das nicht trotz, sondern genau wegen ihrer Alltagsnähe. Sie werden in einer funktionierenden Demokratie Tag für Tag gelebt, erprobt und eingeübt und bilden im Zusammenspiel mit den bürokratischen Institutionen das Fundament, auf dem das gesamte Gemeinwesen steht.

Was dem Staatstheoretiker Böckenförde also essenziell erscheint, ist der Hinweis, dass demokratisch verfasste Gemeinwesen auf bestimmten soziomoralischen Kompetenzen basieren, der Staat diese aber nicht sichern, reproduzieren oder erzwingen kann. Er, der Staat, könne seine inneren Regulierungskräfte „nicht von sich aus, das heißt mit den Mitteln des Rechtszwanges und autoritativen Gebots, zu garantieren suchen", sondern sei darauf angewiesen, dass sich das freiheitlich-demokratische Miteinander „aus der moralischen Substanz des einzelnen und der Homogenität der Gesellschaft reguliert" (Böckenförde 2007, S. 71). Folgt man Böckenförde und dem sich darauf beziehenden staatstheoretischen Diskurs, so wird ersichtlich, dass der demokratische Verfassungsstaat Werte nicht verordnen darf, da er sonst sein eigenes Fundament der Liberalität, Vielfalt und Offenheit untergraben und aus einer pluralen eine formierte Gesellschaft machen würde (Münkler 2010; Schild 2019).

Doch so wegweisend das Böckenförde-Theorem auf der einen Seite für das theoretische Verständnis moderner Demokratie ist, es kollidiert auf der anderen Seite mit der Praxis. Denn selbstverständlich nehmen auch demokratische Staaten auf das Wertesystem ihrer Bürgerinnen und Bürger Einfluss (Honneth 2012). Sie sind in Kultur- und Weltanschauungsfragen nicht zurückhaltend und neutral, sondern bemühen sich, im Wissen um die für sie existenzielle Bedeutung demokratischer Haltungen, Überzeugungen und Praktiken aktiv um deren Verbreitung und Vermittlung. Und das ist auch in der Bundesrepublik so. Der Staat hat hier, ebenfalls im Einklang mit dem Grundgesetz, Wege, Ansätze und Hebel entwickelt, um bei seinen Bürgerinnen und Bürgern demokratische Werte, Einstellungen und Sichtweisen zu verankern (Brumlik 2018). Er weiß um die essenzielle Bedeutung einer demokratischen Öffentlichkeit, betreibt eigene Medienanstalten (wie den öffentlich-rechtlichen Rundfunk), unterhält vielfältige Informationsdienste, Akademien und Bildungseinrichtungen (Krüger 2019).

Wem innerhalb dieses Wertevermittlungskomplexes selbstverständlich besondere Aufmerksamkeit zuteil wird, sind die zukünftigen Generationen. Gerade sie stehen im Fokus des Staates – und das nicht erst, wenn sie unter die staatliche Schulpflicht fallen, sondern bereits früher. Doch damit Kleinkinder demokratische Verhaltensweisen nachempfinden können und um diese für sie erlebbar zu machen, hat der deutsche Staat einen komplexen, dem föderalen Aufbau der Bundesrepublik Rechnung tragenden Zugang gewählt.

Kinder- und Jugendhilfegesetz

Im Unterschied zu anderen europäischen Staaten, in denen frühkindliche Förderung unmittelbarer Bestandteil des staatlichen Bildungswesens ist, ist die Kindertagesbetreuung in Deutschland ordnungspolitisch der Kinder- und Jugendhilfe zugeordnet. Über diese, so die Begründung, lasse sich Hilfe für Familien, bedarfsorientierte Flexibilität, kindergerechte Methodik und Didaktik, eine Lebensweltorientierung und die Beteiligungsmöglichkeiten für Eltern besser herstellen als über die direkte Einbindung in das staatliche Bildungssystem auf Länderebene (Lakies/Beckmann 2019).

Doch so eindeutig und ausgewogen diese bis in die Weimarer Republik zurückreichende Entscheidung (Berger 2016) nun auf der einen Seite ist, sie bedeutet nicht, dass die Kindertagesbetreuung in Deutschland nicht auch einen Bildungsauftrag hat. Denn wie das Kinder- und Jugendhilfegesetz (SGB VIII) hervorhebt, haben Kindertageseinrichtungen und Kindertagespflege nicht nur die Betreuung und Erziehung der Kinder sicherzustellen, sondern explizit auch deren Bildung: „(3) Der Förderungsauftrag umfasst Erziehung, Bildung und Betreuung des Kindes und bezieht sich auf die soziale, emotionale, körperliche und geistige Entwicklung des Kindes. Er schließt die Vermittlung orientierender Werte und Regeln ein" (SGB VIII, § 22 Abs. 3).

Bildung in öffentlich verantworteter Kindertagesbetreuung obliegt demzufolge nicht der Entscheidung einzelner Träger, Fachkräfte oder Kindertagespflegepersonen, sondern ergibt sich aus einem klaren Auftrag durch den Gesetzgeber. Dieser hat zuvorderst die soziale, emotionale, körperliche und geistige Entwicklung des Kindes im Blick, betont aber auch, dass der Förderungsauftrag werteorientiert ist, dass also Kindertagesbetreuung Kindern allgemeine, das soziale Zusammenleben prägende Werte, Normen und Regeln vermitteln müssen.

Nicht nur die individuelle Förderung des Kindes ist daher eine zentrale gesetzliche Vorgabe, sondern ebenso das Aufzeigen grundlegender Sozialregeln. Auch sie sollen den Kindern in Abhängigkeit ihres konkreten Alters, Entwicklungstandes, ihrer Lebenssituation, ethnischer Herkunft, Interessen und Bedürfnisse beigebracht werden. Wie das allerdings im Konkreten geschehen soll, lässt das Kinder- und Jugendhilfegesetz offen (Franke-Meyer/Reyer 2015). Da der Bund hinsichtlich der Kinder- und Jugendbildung nur über eingeschränkte Kompetenzen verfügt, verzichtet er hier mit Rücksichtnahme auf das Verfassungsprinzip des Föderalismus auf weitere Vorgaben und überlässt es den Ländern, für die unmittelbare Ausgestaltung des frühkindlichen Bildungsauftrages zu sorgen (Reuter 2003).

Neben dem generellen Auftrag, Kindern in der Kindertagesbetreuung Bildung zuteilwerden zu lassen, verfügt das Kinder- und Jugendhilfegesetz über einen weiteren demokratiepädagogisch bedeutsamen Passus. Trotz des hohen Stellenwerts, den es grundsätzlich den Eltern im Erziehungs- und Bildungsprozess zuschreibt, sichert das Gesetz in aller Deutlichkeit auch Kindern und Jugendlichen unveräußerliche Beteiligungsrechte zu. So heißt es gleich zu Beginn in Paragraf 8, dass Kinder und Jugendliche entsprechend ihrem Entwicklungsstand in allen sie betreffenden Entscheidungen zu beteiligen seien (SGB VIII § 8). Träger müssen sicherstellen, dass die Fachkräfte in Erziehungs-, Bildungs- und Betreuungsfragen mit den Kindern zusammenarbeiten und sich unmittelbar an den Vorstellungen, Wünschen und Bedürfnissen der Kinder orientieren (SGB VIII § 22a).

Mit Inkrafttreten des Bundeskinderschutzgesetzes 2012 (ein mehrere Gesetze vereinendes Mantelgesetz) wurde die Beteiligung und aktive Einbeziehung von Kindern noch einmal gestärkt. Denn wie das SGB VIII in Paragraf 45 Absatz 2 klarstellt, erhält eine Kindertageseinrichtung mittlerweile nur noch eine Betriebserlaubnis, wenn Kindern auch tatsächlich die Möglichkeit gegeben wird, sich in einer persönlichen Angelegenheit zu beschweren.

Dienste und pädagogische Konzepte haben also all diesen Aspekten Rechnung zu tragen und müssen gegebenenfalls mit den Anhörungs- und Beteiligungsrechten der Kinder in Einklang gebracht werden. Rechtlich sichert das Kinder- und Jugendhilfegesetz damit Kindern bereits in einem frühen Abschnitt ihres Lebens einen Subjektstatus zu, der seinerseits wiederum Voraussetzung für eine lebenslange aktive Mitwirkung im demokratisch verfassten Gemeinwesen ist.

Bildungspläne der Länder

Da das Grundgesetz die Regelungskompetenz für das Schul-, Hochschul- und Bildungswesen nicht dem Bund, sondern den Ländern zuschreibt (Artikel 30), sind Letztere für die Bildung in Kindertageseinrichtungen zuständig. Seit dem sogenannten „PISA-Schock" und der daraufhin einsetzenden öffentlichen Debatte über die Qualität des deutschen Bildungswesens zu Beginn der 2000er-Jahre ist der Leistungsdruck bei der Umsetzung dieser Aufgabe besonders groß (Beinzger/Diehm 2007). Zwar bezogen sich die Resultate der ersten PISA-Studie aus dem Jahr 2001 auf das deutsche Schulsystem, dennoch wurde angesichts der äußerst ernüchternden Ergebnisse anschließend nicht nur dieses, sondern mit ihm das gesamte Bildungssystem, einschließlich der frühkindlichen Bildung auf den Prüfstand gestellt.

Die elementarpädagogische Arbeit in Deutschland wurde seitdem in jedem Bundesland mit einem eigenen Plan für die frühe Bildung in Kindertageseinrichtungen gestärkt. Die Kultus- und Jugendministerkonferenz betonte in ihrer wegweisenden Verständigung über die „Ausformung und Umsetzung des Bildungsauftrags der Kindertageseinrichtungen" aus dem Jahr 2004 daher nicht nur den Bildungsauftrag der Kindertageseinrichtungen ganz allgemein, sondern konkret auch die Notwendigkeit, auf Landesebene Vorgaben und Orientierungshilfen für die pädagogische Arbeit im Elementarbereich zu schaffen. „Bildungspläne im Elementarbereich", heißt es im gemeinsamen Rahmen der Kultus- und Jugendministerkonferenz vom 13./14. Mai und 03./04. Juni 2004, „präzisieren den zu Grunde gelegten Bildungsbegriff und beschreiben den eigenständigen Bildungsauftrag der Kindertageseinrichtungen, der in unmittelbarer Beziehung zu den weiteren Aufgaben der Erziehung und Betreuung steht. Sie verleihen den Bildungsprozessen in den Kindertageseinrichtungen Transparenz und bieten Orientierung für die Fachkräfte, Eltern und Lehrkräfte gleichermaßen. Bildungspläne haben aber insbesondere die Aufgabe, die Grundlagen für eine frühe und individuelle Förderung der Kinder zu schaffen" (Gemeinsamer Rahmen der Länder für die frühe Bildung in Kindertageseinrichtungen 2004, S. 30).

Für die Kultus- und Jugendminister sind demnach im Hinblick auf die frühkindliche Bildung klar definierte Ziele, Aufgaben und Methoden in Form von allgemeinen Bildungsplänen unerlässlich[22]. Um dabei nun aber nicht in 16 grundverschiedene Richtungen auseinanderzufallen, ist es für die Kultus- und Jugendministerkonferenz entscheidend, einen gemeinsamen „Orientierungsrahmen" für diese Bildungspläne zur Verfügung zu stellen. Dieser soll Vergleichbar-

22 Das Kinder- und Jugendhilfegesetz (KJHG/SGB VII § 4) gibt vor, dass die Länder bei der Gestaltung der Bildungspläne die inhaltliche Gestaltungsfreiheit der Träger zu berücksichtigen haben. Nicht das jeweilige Bundesland, sondern der einzelne Träger legt die inhaltlich-konzeptionelle Ausrichtung der Kindertageseinrichtungen fest, mit dem Effekt, dass dank dieser garantierten Trägerautonomie oder Trägerhoheit die Kita-Landschaft in Deutschland eine breite konzeptionelle Vielfalt aufweist. Einen Eindruck dieser Bandbreite vermitteln u.a. die in Kapitel 6 gesammelten Projekte und Initiativen zur Demokratiebildung.

keit schaffen, der Verständigung zwischen den Ländern dienen und die konsensualen Ziele der in Kindertageseinrichtungen praktizierten Bildungsarbeit skizzieren, ohne dabei den Ländern ihren bildungspolitischen Handlungsspielraum zu nehmen (Gemeinsamer Rahmen der Länder für die frühe Bildung in Kindertageseinrichtungen 2004, S. 30). Inhaltlich sind es daher im Wesentlichen zwei Punkte, die der gemeinsame Rahmen der Kultus- und Jugendministerkonferenz für die Bildungsarbeit im Elementarbereich hervorhebt, und zwar die Stärkung der persönlichen Fähigkeiten der Kinder sowie die Vermittlung grundlegender sozialer Kompetenzen[23]. „Der Schwerpunkt des Bildungsauftrags der Kindertageseinrichtungen liegt in der frühzeitigen Stärkung individueller Kompetenzen und Lerndispositionen, der Erweiterung, Unterstützung sowie Herausforderung des kindlichen Forscherdranges, in der Werteerziehung, in der Förderung, das Lernen zu lernen, und in der Weltaneignung in sozialen Kontexten" (Gemeinsamer Rahmen der Länder für die frühe Bildung in Kindertageseinrichtungen 2004, S. 30). Die individuellen Fähigkeiten der Kinder, aber genauso ihre Sozialkompetenzen sind also für die Kultus- und Jugendministerkonferenz die entscheidenden Ziele der frühen Bildung.

Angesichts dieser Verständigung auf der Ebene der Kultus- und Jugendminister ist es nicht weiter überraschend, dass die im gemeinsamen Rahmen formulierten allgemeinen Ziele auch in den einzelnen Bildungsplänen der Länder auftauchen. Die Bildungspläne haben nämlich, wie ein vergleichender Blick auf sie zeigt, trotz ihrer länderspezifischen Besonderheiten ähnliche Inhalte (Textor 2008). Sie beginnen in der Regel mit grundlegenden Ausführungen zu Bildung, Erziehung und Betreuung im Elementarbereich und skizzieren bildungspolitische Leitideen sowie die gesellschaftlichen Rahmenbedingungen innerhalb derer sich die frühpädagogische Arbeit bewegt (Gemeinsamer Rahmen der Länder für die frühe Bildung in Kindertageseinrichtungen 2004; Beinzger/Diehm 2007).

Aus inhaltlicher Sicht ist sodann das Ziel nicht die Stärkung eines einzelnen Fachs, sondern die generelle Befähigung des Kindes. So heißt es beispielsweise in den Hamburger Bildungsempfehlungen: „Jedes Kind hat das Recht darauf im Verlauf seines ‚Kita-Lebens' mit Inhalten vertraut zu werden, die es in die Lage versetzen, sein gegenwärtiges und künftiges Leben aktiv, selbst bestimmt und verantwortungsvoll im Umgang mit natürlichen Ressourcen und anderen Men-

---

23 Eine inhaltliche Bestätigung fand der Beschluss aus dem Jahr 2004 jüngst durch die Jugend- und Familienministerkonferenz vom 18./19. Mai 2017. Fachlich sei der gemeinsame Rahmen im Kern nicht überholt, nichtsdestoweniger seien aber Überarbeitungen und Ergänzungen erforderlich; siehe hierzu: Jugend- und Familienministerkonferenz am 18./19. Mai 2017, S. 16.; verfügbar unter: https://www.bmfsfj.de/blob/136092/87443188114d2e5faccd0365ebac844e/jfmk-protokoll--quedlinburg-2019-data.pdf (19.12.2020)

schen zu gestalten. Die Bildungsempfehlungen geben eine Orientierung, welche Inhalte zum Repertoire zeitgemäßer Kita-Pädagogik gehören" (Freie und Hansestadt Hamburg 2012, S. 12).

Was nun aber die Hamburger Bildungsempfehlungen, genauso wie die Bildungspläne der anderen Bundesländer zusätzlich zu diesen von den Kindern zu erwerbenden persönlichen Kompetenzen zum Gegenstand haben, ist der Bereich des sozialen Miteinanders, der demokratischen Teilhabe und Partizipation. Jeder Plan greift demnach – wenngleich natürlich in unterschiedlicher Form und in unterschiedlichem Ausmaß – den von der Kultus- und Jugendministerkonferenz beschlossenen Grundsatz der „Werteerziehung" auf und verdeutlicht hierbei auch die Bedeutung, die das Prinzip der Demokratie für die elementarpädagogische Arbeit darstellt.

So heißt es unter anderem im Bildungsplan des Landes Schleswig-Holstein, dass frühkindliche Bildungseinrichtungen demokratische Werte sowohl vermitteln als auch selbst danach handeln sollen: „In Kindertageseinrichtungen erleben Kinder in der Regel das erste Mal außerhalb der Familie, wie eine Gemeinschaft zwischen Kindern und Erwachsenen geregelt ist, wie Entscheidungen gefällt werden und welchen Einfluss sie auf diese Prozesse haben. Sie erleben, ob alle Entscheidungen von anderen gefällt werden oder ob ihre Stimme gehört wird und sie Einfluss auf die Gestaltung ihres unmittelbaren Alltags in der Einrichtung haben. Wenn Demokratie als Leitprinzip angewendet wird, sind Kindertageseinrichtungen ein Lern- und Übungsfeld für demokratische politische Bildung und wirken als ‘Kinderstube der Demokratie‘ " (Ministerium für Soziales, Gesundheit, Familie und Gleichstellung des Landes Schleswig-Holstein 2012, S. 14).

Dass „gelebte Alltagsdemokratie" in Kindertageseinrichtungen für die individuelle und soziale Entwicklung eines Kindes essenziell ist, auf Anerkennung und Pluralität ausgerichtete Kindertageseinrichtungen aber auch wichtige Orte dafür sind, das Wesen der Demokratie zu erlernen, heben ferner in besonderem Umfang die Bildungspläne Hessens und Bayerns hervor. So betont beispielsweise der Bayerische Bildungsplan, dass ein sozial und kooperativ ausgerichtetes Bildungsgeschehen – also, ein von Abstimmung, Gespräch, Konsens- und Entscheidungsfindung geprägter Alltag in Kindertageseinrichtungen – essenziell für das Leben in einer demokratischen Gesellschaft ist (Bayerisches Staatsministerium für Arbeit und Sozialordnung, Familie und Frauen 2016, S. 53). Und im Bildungsplan von Hessen heißt es in diesem Zusammenhang, dass die Beteiligung von Kindern an der Alltagsorganisation und -bewältigung in der Tageseinrichtung von zentraler Bedeutung für den Fortbestand der Demokratie sei. Die „geschützte Öffentlichkeit" der Kindertageseinrichtung stelle einen idealen Ort dar, um gemeinsames und gemeinschaftliches Handeln zu erproben. Kinderbeteiligung im Alltag sei daher „politische Bildung", weil durch sie „Kinder erfahren, wie öffentliches Leben in einer Demokratie funktioniert" (Hessisches Ministerium für Soziales und Integration 2016, S. 106).

Was für das Erleben und Erlernen demokratischer Grundmechanismen in Kindertageseinrichtungen des Weiteren von grundlegender Bedeutung ist – und sich dementsprechend auch in den Bildungsplänen der Länder findet –, ist der Hinweis auf ein partnerschaftliches Verhältnis zwischen Erwachsenen und Kind. Erfahren nämlich Kinder in ihrem Alltag das Prinzip der Gleichwertigkeit, werden sie also von Erwachsenen in ihrer Meinung, Haltung oder Sichtweise in den sie betreffenden Angelegenheiten berücksichtigt, lernen sie ein Verhaltensmuster, das Unterschiede anerkennt, diese erörtert und abschließend in Entscheidungen überführt.

Das „Berliner Bildungsprogramm" geht hier voran und hebt den Stellenwert einer Bildungs- und Erziehungspartnerschaft in besonderem Umfang hervor. „Eine vorgelebte demokratische, auf Beteiligung basierende Alltagskultur lässt Kinder wie Erwachsene spüren und erleben, dass man sie als Persönlichkeit wertschätzt und ihre Bedürfnisse, Interessen und Sichtweisen respektiert. In einer solchen Umgebung können Kinder erfahren, wie es ist, in den Angelegenheiten, die einen selbst betreffen, mitentscheiden und mitbestimmen zu können" (Senatsverwaltung für Bildung 2014, S. 169).

Aber nicht nur in Berlin, auch in den Bildungsempfehlungen für Kindertagesstätten in Rheinland-Pfalz wird ausdrücklich empfohlen, Kinder zu selbstständigem Handeln anzuregen und in Entscheidungen miteinzubeziehen: „Die Kinder sollen lernen, eigene Entscheidungen zu treffen und zu verantworten. Durch Partizipation im Alltag der Kindertagesstätte erleben Kinder zentrale Prinzipien von Demokratie. Partizipation setzt eine entsprechende Haltung von Erzieherinnen und Erziehern voraus, die sich in alltäglichen Handlungen und in besonderen Methoden wie z. B. der Kinderkonferenz widerspiegeln. Voraussetzungen hierzu sind, dass: die Beteiligung der Kinder als Planungs- und Handlungsgrundsatz gilt, (...) die Kinder über Art und Dauer einzelner Aktivitäten in der Regel frei entscheiden können, (...) die Erzieherinnen und Erzieher die Wünsche und Interessen der Kinder ernst nehmen und mit ihnen zusammen planen, (...) Regeln mit Kindern gemeinsam ausgehandelt werden" (Ministerium für Bildung, Rheinland-Pfalz 2018, S. 98f.).

Die Auffassung, dass der Dialog zwischen Kind und Erwachsenem nicht nur für die Organisation des Alltags bedeutsam ist, sondern auch auf das Leben in einer demokratischen Gesellschaft vorbereitet, wird nicht nur in Rheinland-Pfalz betont. Auch in den Bildungsplänen der anderen Länder wird darauf hingewiesen, dass Kinder ein Recht auf Mitbestimmung haben und in Organisationsfragen dialogisch eingebunden werden müssen; ebenso, dass Mitsprache, Respekt und Partnerschaft eine demokratische Alltagskultur hervorbringen. Alle Bundesländer betonen daher explizit die Bedeutung der Meinungsvielfalt und erklären ihr Bestreben, Kinder bereits in Kindertageseinrichtungen zum Verbalisieren der eigenen Sichtweise zu befähigen. Der im gemeinsamen Rahmen der Kultus- und Jugendminister aus dem Jahr 2004 festgehaltene Anspruch, demokratische Werte in Kindertageseinrichtungen zu vermitteln und zu leben, wird in den Bildungsplänen der Länder zwar unterschiedlich ausgelegt, doch in keinem einzelnen Plan übergangen. Ausgehend vom gemeinsamen Orientierungsrahmen ist damit die Grundlage gegeben, die pädagogische Arbeit in Kindertageseinrichtungen an wesentlichen Grundpfeilern des demokratischen Wertesystems auszurichten.

4.4 Überlegungen zu Demokratiebildung in Kitas

Dass Kinder in der Bundesrepublik bereits im Elementarbereich mit den Grundlagen des demokratischen Wertesystems in Kontakt gelangen sollen, ist – anders als es auf den ersten Blick zu vermuten wäre – nicht allein das Ergebnis eines von Bund und Ländern erarbeiteten bildungspolitischen Arrangements, sondern gleichfalls die Umsetzung menschen- und kinderrechtlicher Vorgaben. Diese wurden sukzessiv seit dem Ende des Ersten Weltkrieges erkämpft, erstritten und erarbeitet – bis 1989 mit der „UN-Kinderrechtskonvention" auf globaler Ebene und 1990 mit dem Kinder- und Jugendhilfegesetz auf nationaler Ebene jener verbindliche Rahmen geschaffen war, der die Demokratiebildung in öffentlich verantworteter Kindertagesbetreuung normativ absichert. Dass dieser rechtliche Rahmen existiert, kann aus demokratietheoretischer Sicht dementsprechend kaum hoch genug bewertet werden.

Eine Demokratie funktioniert nur, wenn in ihr bestimmte unveräußerliche Grundrechte gelten. Diese müssen als eine Art demokratische Lebensbedingung existieren. Zudem müssen sie als gesetzt behandelt werden und dürfen im demokratischen Prozess nicht suspendiert werden, da die Demokratie aufgrund ihres Strukturmerkmals, das Politische nach dem Willen der Mehrheit zu organisieren, bestimmte „Sicherheitsschranken" benötigt, unter die sie ihrer selbst willen nicht fallen darf. In anderen Worten: Grundlegende Rechte für Erwachsene und Kinder wie Personenschutz, Organisations- und Vereinsfreiheit, Meinungsäußerungsfreiheit oder der Modus freier Wahlen stehen in der Demokratie nicht zur Disposition, da es sich hierbei unter anderem um die für die Demokratie erforderlichen Voraussetzungen handelt (Cheneval 2015).

Zu diesen wesentlichen Voraussetzungen zählt auch Bildung – und zwar bei Erwachsenen wie bei Kindern. Ohne sie kann sich ein Individuum nicht einbringen und partizipieren, kann kein freies und ökonomisch unabhängiges Leben führen; ohne sie kann aber eben auch eine Demokratie nicht funktionieren, weshalb sich eine demokratisch verfasste Allgemeinheit zwingend um die (Werte-) Bildung der Jüngsten kümmern muss.

Die „Allgemeine Erklärung der Menschenrechte“, die „UN-Kinderrechtskonvention“, die „Europäische Menschenrechtskonvention“, die „Charta der Grundrechte der Europäischen Union“ und die nationale Gesetzgebung sind deshalb allesamt keine abstrakten Referenzen, sondern essenzielle Garantien für einen umfassenden und komplexen Demokratiebildungsprozess. Sie fordern – in unterschiedlichem Ausmaß und mit unterschiedlicher Wirkung – eine in der frühen Kindheit einsetzende Demokratie- und Wertebildung und fungieren damit als eine Art „frühes Schutzschild“ gegenüber all jenen Kräften und Akteuren, die der Demokratie samt ihrer Werte kritisch bis feindlich gegenüberstehen.

Dass demokratiepädagogische Maßnahmen weiter geschützt, gestärkt und ausgebaut werden müssen, ist demzufolge aus demokratietheoretischer Sicht unstrittig. Forderungen, die auf eine Aufnahme von Kinderrechten in das Grundgesetz oder auf ein eigenständiges europäisches Kinderrechtsabkommen hinwirken, unterstützen damit letzten Endes nicht nur das Wohl und den Schutz der Kinder, sondern auch das demokratische Gemeinwesen als Ganzes.

5 (Demokratische) Sozialisation und Werteentwicklung

In den ersten Lebensjahren machen Kinder elementare Erfahrungen mit sich, mit anderen Menschen und den Dingen in der Welt. Sie bauen Beziehungen auf, entwickeln ihre Persönlichkeit weiter und werden Schritt für Schritt Teil eines sozialen Gefüges. Dieser Prozess der Aneignung von Selbst- und Weltverständnis ist sozial, kommunikativ und damit auch normativ gerahmt. Dabei entwickeln Kinder soziale Kompetenzen, die durch das Werte- und Normensystem der jeweiligen Gesellschaft mit beeinflusst sind. Inwiefern Kinder, Jugendliche und Erwachsene in der Lage sind, eine demokratische Gesellschaft mitzugestalten, wird unter anderem von ihren Erfahrungen in der frühen Kindheit beeinflusst. Institutionen der frühkindlichen Bildung haben daran einen Anteil. Im Folgenden werden wesentliche Aspekte für die Werteentwicklung und die (demokratische) Sozialisation aufgezeigt und ihre Relevanz für die Institutionen früher Bildung, Erziehung und Betreuung diskutiert.

5.1 (Demokratische) Sozialisation

Kinder wachsen in einer kulturell vorstrukturierten Welt auf, die sie maßgeblich in ihrer Entwicklung beeinflusst und auf die sie wiederum Einfluss nehmen. Dieser Vorgang der wechselseitigen Anpassung und Weiterentwicklung des Menschen in seiner Umwelt wird als Sozialisation bezeichnet. Damit gemeint ist der „Prozess, in dessen Verlauf sich der menschliche Organismus zu einer sozial handlungsfähigen Persönlichkeit bildet, die sich über den Lebenslauf hinweg in Auseinandersetzung mit den Lebensbedingungen weiterentwickelt“ (Hurrelmann/Ulich 1980, S. 78).

Die Art und Weise, wie eine Gesellschaft das Zusammenleben in allen Bereichen des privaten und öffentlichen Lebens organisiert und welche normativen Richtlinien dabei für wichtig erachtet werden, bilden wesentliche Teile der kulturellen Umwelt. „Mit Kultur wird heute ein vielschichtiges Konglomerat von Wert- und Normvorstellungen sowie Konventionen im menschlichen Zusammenleben bezeichnet, die sich in Religion, Ethik, Recht, Technologie, Bildungssystem, Wissenschaft und Kunst widerspiegelt“ (Ahnert 2008, S. 28).

Kultur umfasst deutlich mehr als sprachliche oder schriftliche Übereinkünfte, sie beinhaltet alle nonverbalen kulturellen Praktiken, die über Symbole sowie Sinn-

und Handlungszusammenhänge in der Interaktion hergestellt werden. Auch die Gestaltung von Beziehungen sowie der Ausdruck von Gefühlen und der Umgang damit sind darin einbezogen (vgl. Ahnert 2008, S. 28). Kulturelle Wert- und Normvorstellungen werden in allen Kontexten deutlich und in einer individuellen Interpretation performativ hervorgebracht – so auch in der Familie oder in Institutionen der frühen Bildung, Betreuung und Erziehung. Wie das Zusammenleben in der Familie und in außerfamiliären Institutionen gestaltet ist, bestimmt deshalb mit, welche Vorstellungen Kinder von sich selbst und dem sozialen Miteinander entwickeln. Dabei werden grundlegende Werte und Normen weitergetragen, miteinander ausgehandelt und verändert.

Kultur ist veränderlich und in beständiger Entwicklung. Nachwachsende Generationen übernehmen mimetisch das Regelwerk des sozialen Handelns und kulturellen Wissens vorhergehender Generationen. Rituale haben eine bedeutende Funktion für Kontinuität und Veränderung der sozialen Organisation einer Kultur (Wulf 2005). Durch die performative Interpretation, Wiederholung und Nachahmung sozialer Regeln und die gleichzeitige Neuinterpretation werden kulturelle Praktiken tradiert und parallel ständig weiterentwickelt. „Unter Wahrung der Kontinuität bietet sie [die Mimesis] Raum für Diskontinuität" (ebd., S. 9). Dies umfasst soziale Werte, Rollenerwartungen, Formen des Umgangs in verschiedenen sozialen Gruppen gleichermaßen wie den Umgang mit der dinglichen Umwelt. Das Individuum mit seinen Voraussetzungen wird Teil einer sozialen Gemeinschaft und gestaltet diese aktiv mit. Es identifiziert sich mit sozialen Normen und Werten, entwickelt in Anlehnung daran sein eigenes Wertsystem und wird gleichzeitig sozial handlungsfähig innerhalb dieser spezifischen Gesellschaft (Gudjons 2012, S. 129).

Familie und Orte der Kindertagesbetreuung als erste Sozialisationsinstanzen in der frühen Kindheit haben einen maßgeblichen Einfluss auf die Sozialisation von Kindern. Dabei wirken nicht nur Werte und Normen des direkten familiären oder institutionellen Umfeldes, sondern die aller gesellschaftlichen Teilsysteme (Mikrosystem, Mesosystem, Exo- und Makrosystem) wechselseitig, als ineinander verschachteltes dynamisches System auf die Sozialisationsbedingungen eines Individuums ein (Bronfenbrenner 1981). So beeinflussen beispielsweise gesellschaftliche Kommunikationssysteme, Rechte und Gesetze, kulturelle Werte, Normen und Konventionen oder die Regierungsformen indirekt die Sozialisation von jungen Kindern.

5.2 Entwicklung von (demokratischen) Werten und Moral

Bereits in der frühen Kindheit werden wichtige Grundlagen für die Persönlichkeitsentwicklung gelegt. Voraussetzung für eine gelingende soziale Entwicklung und für die Bereitschaft selbsttätig zu Lernen ist, dass Kinder sich wohlfühlen, in ihren Grundbedürfnissen anerkannt werden und sich als Teil der sozialen Gruppe erfahren (Laevers 2017; Ryan/Deci 2017). „All this indicates that their emotional well-being is in order and that their basic needs are satisfied: their physical needs, the need for tenderness and affection, for safety and clarity and for social recognition, the need to feel competent and the need for meaning in life (including moral values)" (Laevers 2017, S. 181).

Die Entwicklung eines Werte- und Normensystems und von moralischem Handeln beginnt mit der Geburt (Keller 2008). Maßgeblich dafür sind genetische Anlagen und Erfahrungen, die Kinder in ihrem direkten Umfeld machen: in der Familie mit den zentralen Bezugspersonen und Geschwistern, im erweiterten familiären Umfeld und wenig später in den ersten außerfamiliären Institutionen.

In der Interaktion mit erwachsenen Bindungspersonen erwerben Kleinkinder die nötigen Emotions- und Stressregulationskompetenzen, die Sicherheit bieten und Grundlagen für Exploration, Lernen und Partizipation legen (Grossmann u. a. 2017). Im Umgang mit Gleichaltrigen entwickeln Kinder Sozialkompetenzen und Ambiguitätstoleranz, lernen Spielregeln des sozialen Miteinanders und entwickeln ein Bild von sich selbst als Teil des sozialen Gefüges (Ittel u. a. 2014).

Entgegen früherer Annahmen – wie beispielsweise jenen, die den moralpsychologischen Konzepten von Piaget und Kohlberg zugrunde liegen – zeigen aktuelle Forschungserkenntnisse, dass die Entwicklung von Empathie, prosozialem Verhalten und Moral schon in der frühen Kindheit einsetzt (Keller 2008; Siegler u. a. 2016b). Moralische Urteile sind bei Handlungsentscheidungen beteiligt, wie das Abwägen, ob soziale Regeln und Konventionen eingehalten werden oder zum eigenen Vorteil gehandelt wird. Die Entwicklung vollzieht sich relativ systematisch von früher Kindheit an und ist allgemeingültig über verschiedene Kulturen hinweg zu beobachten, sie wird allerdings in der Ausprägung durch kulturelle Wertvorstellungen beeinflusst.

Kinder entwickeln zunächst eine Vorstellung von einfachen moralischen Regeln, Werten und Normen und im weiteren Verlauf ihrer Entwicklung eine individuelle moralische Motivation (Keller 2008). Sie unterscheiden schon im frühen Kindergartenalter zwischen Angelegenheiten, die sie selbst betreffen (eigene Präferenzen), sozialen Konventionen (wie Sitten und Regeln der sozialen Gemeinschaft) oder moralischen Fragestellungen (Fragen von richtig und falsch oder eine Vorstellung von Gerechtigkeit). Schon mit zwei Jahren zeigen Kinder Schuldgefühle, was ein Zeichen für die Internalisierung von Regeln und Normen sowie für die Ausbildung eines „Gewissens" ist (Siegler u. a. 2016b, S. 561). Studien zeigen, dass bereits jüngere Kinder Überlegungen zu den Absichten von Beteiligten bei der Einschätzung von moralischen Fragen einbeziehen (Keller 2008). Sie können unterschiedliche soziale Regeln differenzieren und erkennen nicht unhinterfragt die Autorität von Erwachsenen oder Strafen als Grund für die Einhaltung von Regeln an. Außerdem haben sie Vorstellungen von Bereichen, über die sie persönlich entscheiden (Keller 2008).

Für die Entwicklung von Moral sind neben der kognitiven Entwicklung die Ausbildung von Empathiefähigkeit und prosozialem Verhalten zentral. Empathie, verstanden „als gefühlsmäßige Reaktion auf den Zustand anderer" (Keller 2007, S. 41) entwickelt sich von den undifferenzierten empathischen Reaktionen bei Säuglingen hin zu einer komplexen Fähigkeit, interpersonale und moralische Emotionen nachzuvollziehen und diese auch auf über den Moment hinaus existierende abstrakte gesellschaftliche Gruppen zu beziehen. Dabei entsteht zunehmend die Fähigkeit zur Perspektivendezentrierung und zu prosozialem Verhalten (Keller 2007). Eine wichtige Voraussetzung für Empathiefähigkeit und prosozialem Verhalten ist es, die Gefühle anderer zu erkennen und sich in deren Perspektive einzufühlen. Dafür sind Peer-to-Peer-Begegnungen bedeutsam.

Empathische und prosoziale Handlungen zeigen bereits Kinder unter einem Jahr. So nehmen sie beispielsweise wahr, wenn jemand Hilfe braucht und versuchen zu trösten. Emotionen kommen bei der Entwicklung und Weiterentwicklung von individuellen und kollektiven Normen, Werten und Moral eine bedeutsame Funktion zu (vgl. Huber 2019). Denn sie alle werden über Emotionen in der zwischenmenschlichen Interaktion vermittelt, transportiert und gesichert. Das heißt, „Emotionen und emotionale Markierungen – in Form der Wahrnehmung und Spiegelung eigener und fremder Emotionen sowie der Reflexion dieses Zusammenspiels in Abhängigkeit der situativen Bedingungen – ermöglichen erst die Ausbildung und Internalisierung von Wertvorstellungen und Normen im Kontext der individuellen Entwicklung" (Huber 2019, S. 199).

Normen werden weniger über die verbale Kommunikation als vielmehr über die emotionale Zustimmung oder Ablehnung eines sozial (un-)erwünschten Verhaltens innerhalb einer sozialen Gruppe gesteuert. Regelverletzendes Verhalten wird beispielsweise kollektiv emotional negativ bewertet, sozial erwünschtes Verhalten über positive Emotionen und Zustimmung verstärkt. Über diese emotionalen Steuerungsmechanismen werden auch soziale und normative Ordnungen wie Zugehörigkeit oder Exklusion hergestellt (vgl. Huber 2019).

5.3 Demokratiebildung und soziale Ordnungen

Frühpädagogische Settings sind für die individuelle Entwicklung jedes einzelnen Kindes von Bedeutung. Konstituiert sind sie durch soziale Ordnungen, die neben der Beziehung zu den pädagogischen Fachkräften in Gruppenbeziehungen zwischen den Kindern sichtbar werden können. In der Gruppe ist jedes Kind Teil eines sozialen Gefüges, einer intragenerationalen Ordnung. Die Voraussetzungen, die alle mitbringen, haben Einfluss darauf, ob sie sich in der Kindergruppe wohlfühlen, Freundschaften knüpfen, Spielinhalte und Abläufe mitgestalten und zugestandene Beteiligungsräume nutzen können. Alter, Entwicklungsstand, Temperament, Behinderung, sozialer Status und Bildungszugänge können dazu führen, dass sich Kinder mehr oder weniger einbringen, engagieren und beteiligen können. Schon bei Einjährigen sind Gruppenbildungen zu beobachten. Einige von ihnen treten hierbei dominanter auf und sind häufiger an Entscheidungen für die Aktivitäten der Gruppe beteiligt. Im Kindergartenalter sind bereits klare Dominanzhierarchien zu beobachten (Siegler u. a. 2016a).

Soziale Ordnungen gehen meist mit Hierarchien einher, in denen sich Rollenzuschreibungen entwickeln können. Soziale Hierarchien können über Dominanzkonzepte (Durchsetzungsvermögen wird mit Status verknüpft) erklärt werden oder über Aufmerksamkeitskonzepte (Häufigkeit der Aufmerksamkeitsgewinnung wird mit Status verknüpft). Beide Erklärungsansätze verweisen darauf, dass Kinder auf unterschiedliche Strategien zurückgreifen, um innerhalb einer Gruppe Aufmerksamkeit zu erhalten, Kontakt aufzunehmen, eigene Interessen durchzusetzen oder Spielvorschläge einzubringen. Empathie, Perspektivenübernahme und prosoziales Verhalten tragen positiv zur Akzeptanz in der Gruppe bei und erhöhen langfristig den Status in der Gruppe (Siegler 2016a).

Freundschaften haben bereits für junge Kinder eine hohe Bedeutung, weil sie bessere Entwicklungsbedingungen für soziale und kognitive Fähigkeiten bieten. So entwickeln Kinder mit Freunden komplexere Spielabläufe, erproben häufiger Kooperation und Verhandlung und erhalten mehr Gelegenheiten, um Gefühle zu thematisieren. Dadurch können Kinder, die Freundschaften mit Gleichaltrigen erfahren, früher Kompetenzen für Perspektivwechsel und prosoziales Verhalten erlangen. Im Umkehrschluss erhalten Kinder, die weniger eng in Peer-Beziehungen eingebunden sind oder die gar ausgegrenzt werden, weniger Gelegenheiten, um die notwendigen Sozialkompetenzen auszubilden, Beziehungen zu anderen positiv zu gestalten und akzeptierte Mitglieder der Gruppe zu sein (Siegler u. a. 2016a).

Forschungsbefunde belegen einen Zusammenhang zwischen der Bindungsqualität zu ersten Bezugspersonen und den Sozialkompetenzen, die Kinder entwickeln und wiederum nutzen können, um Peer-Beziehungen zu gestalten. Auch Auswirkungen von Stress und Armut auf die Erziehungskompetenz der Eltern können sich in den Sozialkompetenzen der Kinder niederschlagen (Siegler u. a. 2016a). Darin liegt die Gefahr, dass Kinder mit weniger guten Startchancen doppelt abgehängt werden: Sie tun sich tendenziell schwerer damit, Freundschaften zu schließen, wodurch sie wiederum seltener Gelegenheiten erhalten, dieses Defizit auszugleichen.

Die Erfahrungen, die Kinder für ihre persönliche Entwicklung und für das Zusammenleben mit der Gruppe in Kindertageseinrichtungen machen, haben potenziell auch Einfluss darauf, wie sie mit Vielfalt und unterschiedlichen Wertvorstellungen umgehen. In den Sozialwissenschaften, in der Psychologie und auch in der Migrationsforschung wird dies seit den 1950er-Jahren unter dem Begriff Kontakthypothese diskutiert. Vorurteile und Diskriminierung werden demnach durch fehlenden Kontakt und die Wahrnehmung von Andersartigkeit befördert, während das Erleben und Herausstellen von Gemeinsamkeiten und Ähnlichkeiten Akzeptanz und Zugehörigkeit begründen kann (ursprünglich besprochen von Gordon Allport 1954).

Neuere Literatur deutet jedoch darauf hin, dass Kontakt allein nicht ausreichend ist. Positive Interaktion und gemeinsame Aktivitäten haben das Potenzial, nachhaltige Verständigung zu ermöglichen, während negativ gefärbter Kontakt Animositäten und Vorurteile verstärkt (z. B. Barlow u. a. 2012; Binder u. a. 2009). Die Institutionen der Kindertagesbetreuung und Kindertagespflege werden in diesem Zusammenhang als wichtige Orte gesehen, die aktive, positive Begegnungen sowie Erfahrungen der vielschichtigen Inklusion und frühen, umfassenden Partizipation ermöglichen können (Becker-Stoll u. a. 2015). Den pädagogischen Umgang mit – von Kindern ebenso wie von Erwachsenen vorgenommenen – Rollenzuschreibungen, die mit Diskriminierungen und einseitigen Sichtweisen einhergehen, machen beispielsweise der „Anti-Bias-Ansatz" (Derman-Sparks 2013) sowie die deutsche Adaption der „Vorurteilsbewussten Bildung und Erziehung " (Wagner u. a. 2013) zum Gegenstand (siehe Kapitel 6).

5.4 Überlegungen zur Demokratiebildung in Kitas

Frühkindliche Institutionen nehmen eine bedeutsame Funktion bei der kindlichen Entwicklung von Normen, Werten und moralischem Handeln ein. „Als erste wertebildende pädagogische Instanz" (Schubarth 2016, S. 266) beeinflussen und ermöglichen Institutionen der frühkindlichen Bildung auf unterschiedliche Weise die Werteentwicklung. Die Kindertagesbetreuung bietet schon sehr jungen Kindern ein außerfamiliäres Lernfeld, in dem sie soziomoralische Kompetenzen ausprobieren und ausdifferenzieren können. So müssen Kinder in der Gruppe Interessen aushandeln, aufeinander Rücksicht nehmen oder Kompromisse schließen. Hier erhalten sie zahlreiche Möglichkeiten, Perspektivübernahme mit Gleichaltrigen zu üben und eine Vielfalt an kulturellen Normen kennenzulernen.

Abgesehen von dem Fokus auf die individuelle kindliche Entwicklung ist es für Fachkräfte in pädagogischen Kontexten wichtig wahrzunehmen, wie die Kinder untereinander agieren, welche Werte und Normen sie implizit oder explizit vertreten. Dadurch können auch Vorurteile anderen gegenüber oder Ausgrenzungen proaktiv thematisiert werden.

Pädagogische Fachkräfte gestalten auf implizite und explizite Weise das Zusammenleben in der Kindertageseinrichtung. Sie müssen dementsprechend ein Bewusstsein dafür haben, dass auch ihre Interaktionen im Team und mit den Kindern, die Interaktionen der Kinder untereinander ebenso wie die alltäglich wiederkehrenden Situationen und Rituale (Morgenkreis, Mittagessen, Begrüßung, Verabschiedung von Kindern und Familien) bereits Werte und Normen transportieren. Fachkräfte können durch die Gestaltung des Alltags bewusst Lerngelegenheiten für alle Kinder schaffen und somit Einfluss auf das soziale Miteinander nehmen. Wilfried Schubarth (2016) regt an, Fachkräfte bei dieser anspruchsvollen Aufgabe zu unterstützen, indem in der Ausbildung ebenso wie in Fort- und Weiterbildungen beispielsweise deren selbstreflexive Kompetenzen gestärkt werden, um eigene handlungsleitende Normen, Werte und Erziehungsziele zu reflektieren.

Bei der Gestaltung pädagogischer Situationen muss bedacht werden, dass nicht alle Kinder zu jedem Zeitpunkt in jedem Kontext und in gleicher Weise über Kompetenzen und Fähigkeiten verfügen, um sich aktiv zu beteiligen. Beteiligungsformate wie Kinderkonferenzen oder Abstimmungsformen führen daher nicht notwendigerweise dazu, dass sich (alle) Kinder als selbstwirksam erleben. So kann u. a. aus der PINKS-Studie (Neumann u. a. 2019) abgeleitet werden, dass Beteiligungsformate bestimmte Kompetenzen voraussetzen – wie die verbale Ausdrucksweise, das Verstehen von Regelwerken oder soziales Aushandeln – über die Kinder u. a. aufgrund ihrer sozialen Herkunft unterschiedlich verfügen (Lokhande 2016). Beteiligungsformen können so die Akteurschaft von Kindern begrenzen und für eine Teilgruppe herausfordernde Rahmenbedingungen setzen (Neumann u. a. 2019). Da „eine Verbesserung der Möglichkeiten für alle meist diejenigen begünstigen wird, die fähiger sind, sie auszunützen, und oft zunächst die Ungleichheiten vergrößern wird" (Hayek nach Oelkers 2000, S. 342), stellen sich die Fragen, unter welchen Umständen auch Beteiligungsverfahren dazu beitragen, bestehende Ungleichheiten zu verstärken und unter welchen Bedingungen diese abgefedert oder gar ausgeglichen werden können. Hierzu bedarf es weiterer Forschung.

Insgesamt wird jedoch bestätigt, dass die Gestaltung des Zusammenlebens in Institutionen der Kindertagesbetreuung und Kindertagespflege in der Gegenwart einen wichtigen Grundstein für eine Kultur des Miteinanders in der Zukunft legt (Hurrelmann 2003). Und nachdem die Kultur des Umgangs miteinander, der Werte und Normen des Miteinanders innerhalb der Kindergruppe und der Institution Kita Einfluss auf die soziale Entwicklung von Kindern hat, ist jede Gesellschaft, die das Zusammenleben an demokratischen Grundwerten weiter orientieren, diese erhalten und erneuern will, darauf angewiesen, dass auch das Zusammenleben in Institutionen der Kindertagesbetreuung von demokratischen Werten getragen ist.

6 Demokratiebildung in frühpädagogischen Konzepten, Initiativen und Praxisprojekten

Die Geschichte der Theorie und Praxis der Betreuung, Bildung und Erziehung in der frühen Kindheit ist eng an unterschiedliche Entwicklungsstränge der postindustriellen und industriellen Gesellschaft Ende des 18. und Anfang des 19. Jahrhunderts gekoppelt[1] – z. B. an dem Aufweichen der großfamiliären „Wirtschaftseinheit“ oder an der großflächigen Verarmung, mit der Familien quer durch die Gesellschaft zu kämpfen hatten. Insbesondere die Tatsache, dass Kinder durch den Pauperismus in unzureichenden Erziehungs- und Betreuungsverhältnissen aufwuchsen, beförderte die Entstehung von „Kinderbewahranstalten“, Kleinkinderschulen oder Kindergärten (Franke-Meyer/Reyer 2015). In Folge übernahmen öffentliche Institutionen aus unterschiedlichen historischen Kontexten heraus mehr und mehr Betreuungs-, Erziehungs- und Bildungsaufgaben (Grell 2018).

Aktuell kann in der frühen Kindheit von einer Normalisierung der Institutionalisierung gesprochen werden (Baader u. a. 2014), da nahezu alle Kinder in Deutschland bis zum Schuleintritt eine Kita besuchen (Rauschenbach 2016). Mit der Herausbildung und dem zunehmenden Bedeutungszuwachs, den Institutionen der frühkindlichen Bildung, Erziehung und Betreuung erfahren haben, hat sich auch die Entwicklung frühpädagogischer Theorien, Konzepte und Ansätze in ihrem Bezug zu gesellschaftlichen und gesellschaftspolitischen Aufgaben ausdifferenziert.

Pädagogische Konzepte halten elementardidaktische Überlegungen zur „Organisation, Konzeption und praktische[n] Umsetzung von Lernprozesse[n] in Kitas und Krippen“ fest (Neuß 2018, S. 12). Als Handlungskonzepte enthalten sie immer implizit oder explizit Überlegungen (ein Bild vom Kind) zu anthropologischen Annahmen und der Art und Weise, wie Kinder lernen, und implizieren „eine Einheit von Wissen (über das Kind), von normierten Bewertungen (seines

1 Laut Jürgen Kocka setzt die Industrialisierung der europäischen Gesellschaften im 18. Jahrhundert in England ein und erreicht von dort in der ersten Hälfte des 19. Jahrhunderts weite Teile des europäischen Kontinents. Deutschland zählt laut Kocka zu jenen Ländern Kontinentaleuropas, in denen sich die Industrialisierung bereits früh im 19. Jahrhundert bemerkbar macht. Mit dem Begriff der Industrialisierung verweist Kocka auf einen umfassenden sozioökonomischen Wandlungsprozess, der technisch-organisatorische Innovationen, die Ausbreitung neuer Energiequellen sowie die Verbreitung der Fabrik als sozialen Ort umschließt (vgl. Kocka 2013 S. 80).

Soseins und Werdens) und von ethischen Gesinnungen, die wir in die Erziehung des Kindes einbringen“ (Schmidt 1991, S. 1). Daraus werden didaktische Ableitungen zur Gestaltung des pädagogischen Settings und zu der Rolle formuliert, die Erwachsene dabei einnehmen, ebenso Ziele, die mit der pädagogischen Arbeit für das Kind, aber auch für die Gesellschaft erreicht werden sollen.

Dadurch sind pädagogische Konzepte als ein „definiertes System pädagogischer Überzeugungen“ zu verstehen (Knauf u. a. 2007, S. 13) – ein System, welches immer im Kontext historisch-gesellschaftlicher Bedingungen zu lesen ist und verstanden werden muss als Ausdruck der Vorstellungen über das Aufwachsen in der gegebenen gesellschaftlichen Ordnung und damit verknüpften Zukunftsentwürfen.

Durch die aktuelle Krise der Demokratie (Lammert/Vormann 2017; Levitsky u. a. 2018) werden auch pädagogische Konzepte und Praxisprojekte mehr und mehr daraufhin hinterfragt, ob sie einen Beitrag zu dem Erhalt und der Erneuerung der demokratischen Gesellschaft leisten können – und wenn ja, welchen (Molthagen 2017; Bundesjugendkuratorium 2017). Im Folgenden (6.1) werden deshalb bedeutsame klassische und ausgewählte aktuelle frühpädagogische Ansätze in den Blick genommen, entlang wesentlicher Charakteristika beschrieben (z. B. ihre gesellschaftspolitisch-historische Einbettung, Bildungsziele, das zugrunde liegende Bild vom Kind, didaktische Überlegungen, die Rolle von Erwachsenen) und mit Blick auf Überlegungen zur Demokratiebildung reflektiert. In 6.2 werden exemplarisch aktuelle pädagogische Praxiskonzepte, Initiativen und Unterstützungsangebote mit Bezug zur Demokratiebildung im Überblick dargestellt und abschließend resümiert.

6.1 Demokratiebildung in klassischen und neueren frühpädagogischen Ansätzen

Die theoretischen Überlegungen und praktischen Ansätze bedeutender Pädagoginnen und Pädagogen der frühen Kindheit werfen Grundfragen der Pädagogik auf und weisen auf Antinomien hin, die ihre Gültigkeit nie verlieren, z. B. auf die Mündigkeit und pädagogische Einflussnahme, die Zielorientierung und Unplanbarkeit von Erziehung oder auf die Spontaneität und situative Herausforderung. Im Folgenden sollen drei für die Entwicklung der frühen Kindheit bedeutende Pädagoginnen und Pädagogen vorgestellt werden – Friedrich Fröbel, Maria Montessori und Célestine Freinet. Sie alle haben ihre theoretischen Überlegungen mit pädagogisch-didaktischen Ableitungen verknüpft und können als Wegbereiter für aktuelle frühpädagogische Diskurse gerade im Kontext von Demokratiebildung angesehen werden.

Im Anschluss daran werden zwei aktuelle frühpädagogische Ansätze vorgestellt, die für den Diskurs über die Demokratiebildung in der frühen Kindheit besonders ertragreich erscheinen: der Situationsansatz mit seiner Spezifizierung in der vorurteilsbewussten Bildung und Erziehung und die Reggio-Pädagogik. Diese Vorstellung erhebt nicht den Anspruch, eine vollständige, systematische Betrachtung innerhalb der Entwicklung von demokratierelevanten Aspekten der Frühpädagogik zu sein. Es ist eine Beleuchtung zweier beispielgebender Zugänge, die zentrale Ansätze für den Diskurs um Bildung und Demokratie aufzeigen.

Zur „Menschwerdung" des Kindes – Friedrich Fröbel (1782–1852)

Die erziehungstheoretischen und -praktischen Beiträge Friedrich Fröbels sind für die Entwicklung und die Aufgaben der heutigen institutionellen Kindergartengartenbetreuung fundamental. Mit seinem Werk „Die Menscherziehung" von 1826 – die erste umfassende pädagogische Anthropologie für die frühen Jahre – bereitet Fröbel einer Pädagogik für die frühe Kindheit den Weg, und mit der Bezeichnung des „Kinder-Gartens" legt er eine Spur bis in die Gegenwart.

Fröbels primäres Anliegen gilt der Spielpflege in der Kindheit. Damit tritt er aktiv gegen die „Zerfallserscheinungen seiner Zeit" ein (Franke-Meyer/Reyer 2015, S. 212), insbesondere in den Familien, und den daraus folgenden Vernachlässigungen von Kindern. Seine pädagogisch-didaktischen Überlegungen sind als pädagogisches Prinzip zu verstehen, das nicht explizit für außerfamiliäre Orte konzeptioniert ist, sondern vordergründig dort wirken soll, wo sich Kinder aufhalten. Der „Kinder-Garten" ist demnach nicht von Anfang an als ein außerfamiliärer Ort konzipiert. So hat Fröbel zu Beginn seines Schaffens auch mit seinen „Mutter- und Koseliedern" die Stärkung der Aufgaben der Mutter in der Familie im Blick. Erst im späteren Verlauf verlagert sich dies mit der Eröffnung der ersten „Kinder-Gärten" als Modellorte für Mütter und junge Frauen hin zu außerfamiliären Institutionen, in denen geschulte Kinderpflegerinnen erzieherische Aufgaben übernehmen (Franke-Meyer/Reyer 2015).

Friedrich Fröbels pädagogische Überlegungen sind durch die historische Nähe zu den bildungstheoretischen Entwürfen des deutschen Idealismus und Neuhumanismus geprägt (Grell 2018). Allem Leben liegt laut Fröbel „ein einheitlicher göttlicher Plan" zugrunde, das sogenannte „sphärische Gesetz" (Kasüschke 2018, S. 32). Dieser Plan kommt über die Einzigartigkeit jedes einzelnen Lebewesens und gleichzeitig über dessen Mannigfaltigkeit zum Ausdruck (ebd.).

Fröbels Verständnis nach beginnt Entwicklung mit der Geburt des Kindes. Eine wesentliche Bedeutung für die kindliche Entwicklung spricht er der Sinnestätigkeit des Kindes im Spiel zu, der er nicht nur eine mechanische Funktion für die kognitive Entwicklung zuschreibt, sondern auch ein eigenes Erkenntnispotenzial. Damit schafft Fröbel einen Zusammenhang zwischen leiblich-sinnlicher Wahrnehmung und kognitiver Erkenntnis (Franke-Meyer/Reyer 2015,

S. 208): „Spielen, Spiel ist die höchste Stufe der Kindesentwicklung, der Menschenentwicklung dieser Zeit; denn es ist die freitätige Darstellung des Inneren" (Fröbel nach Franke-Meyer/Reyer 2015, S. 209).

Den Kern der pädagogischen Überlegungen Fröbels bilden deshalb der Begriff und die Praxis der „Spielpflege". Darunter versteht der Pädagoge eine an Kindern im vorschulischen Alter angepasste Form von Unterricht, die deren natürlichen Beschäftigungstrieb aufgreift und den Prozess der kindlichen Welt- und Selbsterschließung durch eine breite Palette an Spielgaben und Angeboten anregt; dafür orientiert er sich an geometrischen Grundformen (Kugel, Würfel, Walze). Eine zentrale und vielschichtige Rolle kommt in Fröbels Pädagogik der Erzieherin zu. Sie regt die Kinder zum Spielen an, indem sie „sich als Mitspielerin behutsam lenkend (‚nachgehend' wenn nötig auch ‚vorschreibend' und ‚belehrend') an den Spielen der Kinder beteiligt und in ihrer Person und zugleich als Vorbild und Modell (‚Bildemittel') für eine ‚in sich selbst einige', d. h. bewusste, von Achtung für Gott, Mitmenschen und Natur getragenen Lebensführung, in Erscheinung tritt" (Grell 2018, S. 122).

Der fundamentale Beitrag von Fröbels Pädagogik ist – auch für heutige Überlegungen zur Demokratiebildung – die (inzwischen selbstverständlich erscheinende) Bedeutsamkeit, die er der frühkindlichen Entwicklung für die Menschwerdung des Kindes und für das Erwachsenenalter beimisst: „Darum ist schon diese erste Stufe der Menschenentwicklung für den Menschen, für dessen Gegenwart und Zukunft so über alle Beschreibung wichtig. Es ist hochwichtig für des Menschen gegenwärtiges und künftiges Leben, dass der Mensch auf dieser Stufe nichts Krankes, Niederes, Gemeines, nichts Zweideutiges, ja Schlechtes einsauge. Rein soll darum der Blick, der Gesichtsausdruck der Umgebenden, fest und sicher, Vertrauen erweckend und Vertrauen nährend, rein und klar soll jede Umgebung selbst sein" (Fröbel 2013, S. 36f.).

Erwachsene müssen Verantwortung für die Entwicklung des Kindes übernehmen. Mit der Förderung der Selbsttätigkeit des Kindes, die Fröbel in seiner Spieltheorie verankert, soll die Basis für eine selbstbestimmte Persönlichkeit gelegt werden (ebd., S. 209). So wendet er seine zunächst sozialpädagogische Motivation – die Vermeidung von Leid und Vernachlässigung – in das Ziel der „guten" Menschwerdung um, welches das eigene Wohl und das der anderen umfasst: „Die Quellen alles Guten ruhen in ihm [dem Spiel], gehen von ihm hervor; ein Kind, welches tüchtig, selbsttätig still, ausdauernd, ausdauernd bis zur körperlichen Ermüdung spielt, wird gewiss auch ein tüchtiger, stiller, ausdauernder, Fremd- und Eigenwohl mit Aufopferung befördernder Mensch" (Fröbel 2013, S. 69).

Die Kraft der Selbsttätigkeit – Maria Montessori (1870–1952)

Maria Montessori, die erste im Fach Medizin promovierte Frau Italiens, orientiert sich in der Entwicklung ihrer pädagogischen Arbeiten streng an den wissenschaftlichen Prinzipien des Positivismus sowie an einer biologisch orientierten Entwicklungstheorie. Ausgehend von der Annahme, dass ein innerer Entwicklungsbauplan, der sich über „sensible Perioden" hin vollzieht (Franke-Meyer/Reyer 2015, S. 254) und die kindliche Entwicklung maßgeblich strukturiert, entwickelt sie eine praktische Pädagogik, die auf dem Prinzip der Selbsttätigkeit des Kindes in einer von Erwachsenen vorbereiteten Umgebung fußt.

Mit ihrem Fokus auf das Prinzip der Selbsttätigkeit des Kindes bereitet Maria Montessori in der pädagogischen Arbeit der frühen Kindheit den Boden für die systematische Berücksichtigung der Eigenaktivität von Kindern. Darin liegt ihr historischer Beitrag für eine kindorientierte Frühpädagogik, wie sie heute vielfach proklamiert wird und die für die Demokratiebildung bedeutend ist. Zeitlebens arbeitet sie hoch engagiert an der Weiterentwicklung und Verbesserung ihrer Arbeit und hinterlässt damit weltweit ihre Spuren.

Maria Montessori spezialisiert sich um die Jahrhundertwende auf die Kinderheilkunde. Als Assistenzärztin in einer psychiatrischen Klinik nähert sie sich mehr und mehr auch pädagogischen Fragen. Auslöser dafür sind ihre Beobachtungen, dass Kinder bereits früh zu besonderen Aufmerksamkeitsleistungen fähig sind und Förderung deren Entwicklung positiv beeinflussen kann. Montessori vertritt die Meinung, dass Kinder diese Fähigkeit nur unter bestimmten äußeren Bedingungen entwickeln – in einer anregenden Umgebung und in der Freiheit, sich hier selbsttätig auszuprobieren.

In diesem Prozess der Selbsttätigkeit kommt den Phasen hochgradiger konzentrierter Aufmerksamkeit eine große Bedeutung zu. Momente, in denen das Kind tiefgreifende und nachhaltig wirksame Transformations- und Verstehensprozesse vollzieht, bezeichnet Maria Montessori als „Polarisierung der Aufmerksamkeit" (Montessori 1976 nach Franke-Meyer/Reyer 2015, S. 255). Bildung wird in diesen Situationen für Außenstehende sichtbar und beobachtbar. Diese Konzentrationsmomente erkennt Montessori zwar als spontan, aber nicht als zufällig; sie bemerkt, dass sie im Zusammenhang mit gewissen äußeren Bedingungen stehen, die die Aufmerksamkeitswahrscheinlichkeit erhöhen. Auch diese Zusammenhänge sind nach Montessori beobachtbar und wissenschaftlich ermittelbar (Franke-Meyer/Reyer 2015).

Aus ihren Beobachtungen zieht Maria Montessori zwei für ihre späteren pädagogischen Überlegungen zentrale Schlussfolgerungen. Sie verknüpft, erstens, die sinnliche Wahrnehmung von Kindern mit deren kognitiver Erkenntnis und verbindet sie zu einer Funktionseinheit (Franke-Meyer/Reyer 2015), bei der das

Prinzip der Selbsttätigkeit von zentraler Bedeutung ist: „Das Kind bildet von sich aus den zukünftigen Menschen, indem es seine Umwelt absorbiert" (Montessori nach Franke-Meyer/Reyer 2015, S. 254). Zweitens betont Montessori die Bedeutsamkeit der Umgebung für die kindliche Entwicklung. Kinder nehmen die Umgebung auf und verarbeiten sie nach ihren biologischen Möglichkeiten (ebd.). Demnach brauchen sie Gelegenheiten, um ihre Kräfte selbsttätig zu üben.

Bei der Transformation der gemachten Beobachtungen in die praktische Pädagogik liegt das Hauptaugenmerk Maria Montessoris deshalb auf dem Prinzip der Selbsttätigkeit des Kindes und auf eine vorbereitete Umgebung. Letztere wird hauptsächlich von Materialien bestimmt für deren Konstruktion entwicklungspsychologische Gesichtspunkte maßgeblich sind. Diese ermöglichen es den Kindern, sich selbsttätig auszuprobieren, ihre „unsortierten, sinnlichen Erfahrungen geistig zu ordnen" (Kasüschke 2018, S. 35) sowie kognitive und soziale Kompetenzen zu entwickeln. Als zentrale Entwicklungsbereiche betrachtet Maria Montessori die Anregung der Sinne, die Mathematik, die Sprache und Tätigkeiten des Alltags (vgl. Franke-Meyer/Reyer 2015).

Die pädagogischen Fachkräfte nehmen in der Montessori-Pädagogik eine assistierende Rolle ein, sie sollen sich so wenig wie möglich in die Selbsttätigkeit des Kindes einmischen, um diese zu fördern. Somit weist Maria Montessori den Fachkräften eine zum damaligen Zeitpunkt neue und ungewohnte Rolle zu: Deren Hauptaufgaben bestehen darin, die Umgebung vorzubereiten und Übungen anzuleiten. Durch systematische Beobachtungen sollen zudem Einflussfaktoren identifiziert werden, die die kindliche Konzentration fördern und Bildungsereignisse begünstigen. Aus Montessoris Sicht brauchen Erziehende dazu eine wissenschaftlich-experimentelle Grundhaltung, weil sie es ihnen ermöglicht, die Wirkungen ihrer Arbeit auf die Kinder zu beobachten, zu beurteilen und ggf. zu modifizieren.

Ein weiterer bedeutender Beitrag Maria Montessoris ist hier zu erwähnen: Sie beginnt ihre eigenständige pädagogische Arbeit in einem römischen Elendsviertel, wo sie 1907 ihr erstes „Casa dei Bambini" für sozial schwache Familien eröffnet (Kasüschke 2018, S. 35). Außerfamiliäre Bildung sieht sie als eine Möglichkeit des sozialen Fortschritts für Kinder, Familien und Mütter – nicht als eine „Notlösung für eine Aufgabe, die eigentlich in den privaten Raum der Familie gehöre" (Franke-Meyer/Reyer 2015, S. 257).

Die sozialpolitische Rahmung ihrer Pädagogik ist gleichzeitig als eine „Fundamentalkritik an der privaten Kleinfamilie" (ebd., S. 257) und der Mutterrolle zu deuten. Montessori löst damit die Erziehungs- und Bildungsaufgabe nachwachsender Generationen aus der alleinigen Verantwortung der Familie bzw. der Mutter. Damit trägt sie dazu bei, diese Aufgabe auch in der Gesellschaft zu verorten und die Entwicklung von Kindern als sozialpolitische Frage zu behandeln.

Freiheit, Gemeinschaft und Demokratie – Célestine Freinet (1896–1966)

Der französischer Schulpädagoge Célestine Freinet entwickelt, beeinflusst von kommunistischen und reformpädagogischen Bewegungen zu Beginn des 20. Jahrhunderts, eine Pädagogik und Didaktik für die Schule, die konsequent von demokratischen Prinzipien geleitet wird. Freinets Pädagogik entwickelt sich aus einem starken sozialpolitischen Motiv heraus. Der aus einer kinderreichen, ärmlichen Bauernfamilie stammende Pädagoge kann nur mithilfe von Empfehlungen und intensiver Unterstützung durch seinen Lehrer ein Lehramtsstudium aufnehmen. Dieser Hintergrund prägt lebenslang seine Arbeit – Freinets theoretische und praktische Überlegungen sind von der Idee durchzogen, „allen Kindern aller Volksschichten ohne Unterschiede des Standes die gleichen Ausbildungschancen zu eröffnen“ (Jörg 1999, S. 94). Damit will er dazu beitragen, soziale Ungerechtigkeit zu reduzieren und gerechtere gesellschaftliche Verhältnisse zu schaffen (Jörg 1999).

In Deutschland wurde die ursprünglich für die Schule konzipierte Freinet-Pädagogik erst in den letzten 30 Jahren über vielfältige praktische Impulse sowie im theoretischen Diskurs[2] für die Kindertagesbetreuung adaptiert; inzwischen ist sie deutschlandweit anerkannt (Neuß 2018). Die herausragende Bedeutung von Freinets theoretischen und praktischen Beiträgen liegt in seiner konsequenten Berücksichtigung und Anerkennung der kindlichen Individualität und Bedürfnisse von Geburt an. Freinet betont in seiner Pädagogik die Bedeutsamkeit der Selbstbildungsfähigkeiten sowie der autodidaktischen und gestalterischen Kompetenzen für die Entwicklung der Kinder. Es muss berücksichtigt werden, dass jedes Kind das Bedürfnis hat, unabhängig, handlungsfähig und gleichzeitig Teil einer Gemeinschaft zu sein.

Für die kindliche Entwicklung sind nach Célestine Freinet drei Entwicklungsrichtungen maßgeblich: Selbstständigkeit und Kompetenz, Produktivität und Selbsttätigkeit, Gemeinsamkeit und Partizipation (Teigeler 1999). In der Konsequenz daraus ist eine Pädagogik entstanden, die sich maßgeblich durch freie Gestaltungs- und Mitbestimmungsspielräume sowie durch das Zutrauen in die Kompetenzen von Kindern definiert. Freinet ermöglicht es Kindern von Anfang an, ihre Lernprozesse individuell zu gestalten sowie Mitbestimmung und Mitverantwortung in der sozialen Gruppe und in der Bildungseinrichtung zu übernehmen. Weiter betont er, wie wichtig es ist, Lernen durch Erfahrung in realen Lebensbezügen zu ermöglichen. Nur so entwickeln Kinder seiner Ansicht nach die

2 u. a. durch Bernhard Vogt und Lothar Klein

Kräfte, die sie zur Gestaltung und Bewältigung zukünftiger Aufgaben brauchen (Jörg 1999).

Diese Grundannahmen Freinets finden sich in seinen methodisch-didaktischen Ableitungen sowie in der Raumgestaltung und Organisation des Schulalltages wieder. Seine pädagogischen Prinzipien wurden inzwischen auch in der Frühpädagogik aufgegriffen, weiterentwickelt und auf die Kindertagesbetreuung übertragen (Henneberg u. a. 2010).

Die wesentlichen Charakteristika von Célestine Freinets Pädagogik sind im Detail folgende:

1. eine demokratische und transparente Organisation der Gemeinschaft (beispielsweise durch: eine gemeinsam entwickelte Verfassung, Klassen- und Schulräte, Kinderkonferenzen, Ämterverteilung an alle Kinder für alltägliche Aufgaben, Wandzeitungen und Tafeln zur Dokumentation, Benutzerhandbücher u. a.)
2. Individualisierung von Lernprozessen (z. B. mithilfe von individuellen Lernplänen und Wochenplänen), freie Gestaltung (wer, wann, mit wem und wie Themen bearbeitet), Diplome ohne Leistungsvergleich, Präsentationen von Themenausarbeitungen zur Erfolgsbestätigung
3. Verortung des Lernens im Lebensbezug (beispielsweise über einen Schulgarten, fest eingerichtete Werkstätten im Klassenzimmer oder eine Schulbücherei)
4. Stärkung des schöpferischen Ausdrucks (z. B. in der obligatorischen Schuldruckerei oder über Theater und Musik)

Die Aufgabe von Pädagog_innen liegt nach Freinet vorwiegend darin, die Entfaltung der kindlichen Entwicklung über die Organisation des Lernmilieus zu ermöglichen. Erwachsene fungieren als aufmerksame Beobachter, die individuelle Impulse geben, aber Kindern weder Vorschriften machen noch Arbeit im Alltag abnehmen. Pädagogen müssen demnach darauf vertrauen, dass Kinder über das Ausprobieren eigene Lösungen finden. Nur wenn Kinder aktiv die Hilfe von Erwachsenen suchen, dürfen diese unterstützend eingreifen, indem sie die Suchbewegung des Kindes ohne Vorgabe von vorschnellen Lösungen unterstützen (Teigeler 1999). In der Adaption für die Arbeit in Formen der Kindertagesbetreuung wurden vielfältige Prinzipien übertragen und altersgerechte Methoden entwickelt, wie beispielsweise die Arbeit mit Wandtafeln.

Freinets Pädagogik ist vor allem eine „selbstbestimmende Pädagogik, eine Pädagogik, die das Lernen den Kindern in die Hand gibt" (Teigeler 1999, S. 48) und ihnen umfassend Verantwortung in realen Lebenssituationen überträgt: „Wir sind gegen jede Indoktrination. Wir maßen uns nicht an, im Voraus bestimmen zu können, was aus dem Kind werden soll, das wir erziehen (…). Wir lehnen es ab, seinem Geist irgendeine unfehlbare und vorher festgelegt Lehre aufzuoktroyieren“ (Freinet nach Jörg 1999, S. 13). Dementsprechend erhebt Freinet den Anspruch, Institutionen der Bildung als Orte der lebendigen Demokratie und der Gemeinschaft zu gestalten, an denen Menschen – Kinder und Erwachsene – miteinander lernen und leben.

Célestine Freinet macht auf diese Weise die Ausrichtung seiner Pädagogik an demokratischen Grundwerten fest – z. B. Respekt vor der Identität und Individualität jedes Kindes sowie die Ermöglichung, Reflexions- und Kritikfähigkeit zur Sicherung von Meinungsfreiheit zu entwickeln – und erklärt dieses zur zentralen, unverhandelbaren Aufgabe von Bildung. Damit tritt er, obwohl selbst politisch engagiert, für eine klare Trennung von Politik und Schule sowie von politischer Ideologie und Erziehung zur Meinungsfreiheit ein.

Freinet führt einen „lebenslangen Kampf für die freie Entfaltung der kindlichen Persönlichkeit, für Kreativität und freien Ausdruck, für freien Text und freien Gedankenaustausch“ (Jörg 1999, S. 98). Seine Erziehungsziele fungieren als übergeordnete Maxime. Dafür stellt der große Pädagoge seine persönlichen Überzeugungen zurück und widersetzt sich zeitlebens einer Vereinnahmung seiner Pädagogik für politische Zwecke (Teigeler 1999). Denn: „wenn die Politik sich der Schule bemächtigt, zieht die Pädagogik aus“ (Freinet nach Jörg 1989, S. 16).

Bildung als Aufgabe der gesamten Gemeinde – die Reggio-Pädagogik (seit 1945)

Anders als bei pädagogischen Ansätzen, die maßgeblich durch Einzelpersonen entwickelt wurden (wie die Montessori-Pädagogik), ist die Reggio-Pädagogik Ergebnis eines kollektiven Entwicklungsprozesses, der an zahlreiche Akteur_innen der Stadt Reggio Emiliana in Italien geknüpft und in (regionale) historische Ereignisse eingebettet ist. Dementsprechend kann die Entstehung dieses pädagogischen Ansatzes historisch nachvollzogen, aber der Entstehungszeitpunkt nicht eindeutig benannt werden.

Die wesentlichen Anstöße zur Entwicklung dieser Pädagogik werden meist in der Antragstellung mehrerer reggianischer Kindereinrichtungen in kommunaler Trägerschaft ab 1962 gesehen sowie in der Besetzung von Loris Malaguzzi im gleichen Jahr als pädagogischer Leiter einer Einrichtung sowie in der Leitung des Koordinationsbüros der kommunalen Kindertageseinrichtungen im Jahre 1970 (vgl. u. a. Knauf 2000; Stenger 2010). Anette Dreier (2006) sieht bereits in der Gründung des ersten Kindergartens 1945 – als Initiative einer antifaschistischen (Frauen-)Organisation – die maßgebliche Grundsteinlegung der Reggio-Pädagogik.

Die Reggio-Pädagogik entwickelt sich aus den Erfahrungen der faschistischen Vergangenheit als ein politischer Gegenentwurf, der starke Bezüge zu demokratischen und partizipativen Werten aufweist. Dies manifestiert sich bereits darin, dass der frühpädagogische Ansatz den Namen der Stadt trägt. Kindererziehung wird also als gesellschaftliche Aufgabe verstanden, die auch von allen Bürgern verhandelt und verantwortet werden muss: „Die Bewertung von Erziehung und Bildung darf nicht privatisiert werden. Sie muss vielmehr theoretisch und praktisch im vernünftigen Konsens möglichst vieler Bürger beantwortet werden" (Jank u. a. 1991, S. 247). Die „Kollektivität der Urheberschaft" (Knauf 2000, S. 182) zeigt sich nicht nur darin, dass Erzieher und Erzieherinnen, Eltern, Wissenschaftlerinnen und Wissenschaftler, Künstlerinnen und Künstler sowie politisch Verantwortliche auf Initiative des Grundschullehrers Loris Malaguzzi (1920-1994) in die Entwicklung der Reggio-Pädagogik involviert wurden, sie wird auch durch den beständigen Einbezug aller Akteure in die Umsetzung und Weiterentwicklung der praktischen Pädagogik konzeptionell aufrechterhalten. Nicht zuletzt deswegen wird Malaguzzi als maßgebend bei der Entwicklung der Reggio-Pädagogik angesehen.

Neben der geteilten Verantwortung für Erziehungsaufgaben erfahren Kinder durch die enge Verknüpfung verschiedener Akteure auch die Verbindung unterschiedlicher Lebenswelten, was in der Reggio-Pädagogik als zentrale Voraussetzung für eine ganzheitliche Entwicklung verstanden wird (Dreier 2006, S. 72). Bis heute ist die Reggio-Pädagogik als „lernende Organisation und als Werk aller Beteiligten ständig in Weiterentwicklung" (Stenger 2010, S. 114). Somit ist sie kein in sich geschlossenes Konzept, sondern wird von Grundannahmen und Prinzipien (den „regolamento") geleitet, deren praktische Konkretisierung in den individuellen Einrichtungskonzeptionen (den „progettazione") zu einer fortwährenden Veränderung und Anpassung an aktuelle Lebensthemen auffordert.

Im Zentrum der Reggio-Pädagogik steht also, beeinflusst von sozialkonstruktivistischen Lerntheorien und Erkenntnissen aus der Hirnforschung, ein „reiches Bild vom Kind" (Filipino nach Dreier 2006, S. 80). Kinder werden als „von Geburt an aktive und kreative Gestalter ihrer eigenen Entwicklung und ihrer Beziehungen zur Umwelt" verstanden (Dreier 2006, 18). Dieser Grundgedanke findet sich wieder in dem von Malaguzzi geprägten Sinnbild (ebd.) der „hundert Sprachen des Kindes", den „hundert Weisen, Welt zu verstehen, zu interpretieren und den Beziehungen zur Welt und zu anderen Menschen sowie der eigenen Identität Ausdruck zu verleihen" (Stenger 2010, S. 115).

Für die frühpädagogische Praxis leiten sich daraus unterschiedliche didaktische Schlussfolgerungen ab. Zentral ist dabei eine vielfältige, veränderliche Raum- und Materialgestaltung in Funktionsräumen, die den Kindern Gelegenheiten zu kreativen Auseinandersetzungen bieten sowie dazu, ihre Entwicklungsthemen und Interessen verschieden auszudrücken. Die „Piazza", ein zentraler Ort in der Einrichtung, wird explizit zum sozialen Austausch, zum Dialog und zur Dokumentation genutzt und drückt, in Anlehnung an die griechische Polis „den historischen Bezug zur Öffentlichkeit, Demokratie und Lebendigkeit sozialer Bezüge aus“ (Kerstan 2016, S. 57).

Pädagogische Fachkräfte werden als Begleiterinnen und Begleiter der kindlichen Bildungsprozesse verstanden. Dazu müssen Erwachsene eine „pädagogische Haltung des Zuhörens“ entwickeln (Schäfer 2009, S. 53), um die Kinder in ihren Besonderheiten zu verstehen und ihre Ausdrucksweisen über alle Sinne wahrzunehmen. Dabei kommt der Beobachtung und Dokumentation von Bildungsprozessen eine wesentliche Rolle zu, da sie als Ergebnis eines Dialogs der Beteiligten und zugleich als Ausgangspunkt für Weiterentwicklungen der Pädagogik genutzt werden soll.

Anknüpfend an dieses Bildungsverständnis werden in der „Erklärung der drei Rechte“ (Malaguzzi nach Lingenauber 2002, S. 55) explizit Rechte für Kinder festgehalten. Als Ausgangspunkt für diese Rechte – und das ist für die Reggio-Pädagogik zentral – wird die Annahme gesetzt, „daß Kinder über natürliche Gaben und Potential von ungeheurer Vielfalt und Vitalität verfügen“ (ebd., S. 55). Aus dieser Grundannahme heraus werden den Kindern folgende Rechte zugestanden:

1. das Recht auf die Beteiligung an ihrer eigenen Entwicklung und der Gestaltung ihrer Beziehungen
2. das Recht, eigene Lernbedürfnisse zu befriedigen
3. das Recht auf kreative Problemlösestrategien

Die Verwirklichung der Rechte ist über strukturelle Formen gesichert – wie in einem Kinderparlament, das für den Austausch über Lebensthemen und Interessen ebenso wie für Planungen von Projektthemen genutzt wird (Lingenauber 2002) – und zudem über das didaktische und dialogische Vorgehen konsequent verfolgt.

Ein herausragendes Charakteristikum der Reggio-Pädagogik zeigt sich im Zusammenspiel der unterschiedlichen Akteure der Gemeinde. Das Prinzip der geteilten Erziehungs- und Bildungsverantwortung von Gemeinde, Familien und Einrichtungen wird im „regolamento“ über festgelegte Organisationsstrukturen realisiert. So werden Kindertageseinrichtungen der Stadt Reggio grundsätzlich kollektiv von einem Leitungsrat („consigli di gestatione“) aus Eltern sowie Erzieherinnen und Erziehern geleitet, der alle zwei Jahre neu gewählt wird. Das „regolamento“ als übergeordneter konzeptioneller Rahmen hält für den Leitungsrat u. a. folgende Aufgaben fest:

1. regelmäßige Erhebung der soziokulturellen Lebensumstände von Kindern und ihren Familien anhand von Gesprächen und Fragebögen sowie Anpassung der Betreuungsangebote

2. Diskussion der Inhalte und Ziele der pädagogischen Arbeit und Planung sowie Durchführung von Weiterbildungen und kulturellen Aktivitäten
3. Zusammenstellung von Arbeitsgruppen zu aktuellen und für die Beteiligten bedeutenden Themen (Dreier 2006)

Vertreterinnen und Vertreter aller Leitungsräte der Gemeinde treffen sich regelmäßig mit politisch Verantwortlichen in einer übergeordneten Kommission („consigli di circoscrizione"). Orientiert am Prinzip der Dezentralisierung von politischen Entscheidungen gründen sich daraus zahlreiche Gremien und Arbeitsgruppen, die partizipativ unterschiedliche Themen aufbereiten und verantworten. Hierdurch wird erneut deutlich: Bildung und Erziehung von Kindern ist in der Reggio-Pädagogik nicht „Sache Einzelner, sondern eine gemeinschaftliche Aufgabe (…) [woraus eine] enge Verbindung zwischen den Formen der öffentlichen Erziehung und dem sozialen Leben" der Gemeinde entsteht (Dreier 2006, S. 12). Die Zusammenhänge von Politik, Kultur und Erziehung werden zum systematischen Prinzip in der Pädagogik verankert, in deren Mitte die eigenaktive Entwicklung des kompetenten Kindes gestellt wird. Erziehung, so formuliert es die Reggio-Pädagogik explizit, soll und kann dadurch zur Weiterentwicklung und dem Erhalt der Demokratie beitragen (ebd.).

Lebensweltbezug, Emanzipation und gegen Diskriminierung – der Situationsansatz und die Vorurteilsbewusste Bildung und Erziehung

Der Situationsansatz entsteht in den 1970er-Jahren in Westdeutschland aus der Arbeitsgruppe Vorschulerziehung des *Deutschen Jugendinstituts*, stark beeinflusst von Jürgen Zimmer (1938-2019). Mit dem Situationsansatz wird ein pädagogischer Ansatz entwickelt, der einerseits die Bildungspotenziale in der Institution Kindergarten betont, andererseits den Fokus weg von der Förderung fächerbezogener Bildungsinhalte hin zu den sozialen Kompetenzen und aktiven Gestaltungspotenzialen von Kindern legt. Ausgangspunkt der pädagogischen Arbeit sind die Lebenssituationen der Kinder und ihrer Familien sowie die für sie relevanten gesellschaftlichen Bedingungen.

Die Entstehung des Situationsansatzes ist historisch eingebettet in gesellschaftliche Veränderungen, beeinflusst von den Nachwirkungen der Kriegsjahre und dem darauffolgenden wirtschaftlichen Aufschwung. Diese Zeit hat auch Auswirkungen auf die Funktion des Bildungssystems. Erziehung soll jetzt einen Beitrag dazu leisten, autoritäre Verhältnisse wie in der Zeit des Nationalsozialismus zu verhindern, Bildung soll zum wirtschaftlichen Aufschwung beitragen (vgl. Kobelt-Neuhaus 2012). Bildungsforscher erkennen die Bedeutsamkeit des Lernens ebenso wie die Potenziale frühkindlicher Förderung und die Politik verbindet damit die Hoffnung auf Optimierung von Bildungsverläufen.

Die curriculare Weiterentwicklung im Kindergarten wird ab 1965 entscheidend durch die Gründung des *Deutschen Bildungsrates* vorangetrieben. Dieser erkennt den Elementarbereich als erste Stufe des Bildungssystems an. Dem Kindergarten wird insbesondere die Aufgabe zugeschrieben, Kinder auf die Schule vorzubereiten und Bildungsnachteile zu kompensieren. „Die Expansions- und Modernisierungsphase des Bildungssystems der 1960er/1970er Jahre war durch den Glauben an eine technologisch motivierte politische Bildungsgesamtplanung geprägt. Die Hoffnung auf eine realistische Wendung (vgl. Roth 1962) sowie auf eine staatlich gesteuerte Modernisierung des Bildungssystems führte zu einer engen Verkopplung von Wissenschaft und Politik" (Drieschner 2018, S. 141).

Von Bund und Ländern initiiert, werden zahlreiche funktionale Förderkonzepte entwickelt, die stark auf vorgedachte Instruktionskonzepte setzen. Letztere sollen mithilfe von Medien, Materialien und Spielen zentrale Funktionsbereiche fördern (vgl. Drieschner 2018). Als Gegenentwurf zu eben diesen leistungsbezogenen Förderansätzen entsteht parallel der Situationsansatz (Völkel 2003). Mit seinem von 1975-1978 am *Deutschen Jugendinstitut* in Zusammenarbeit mit Praktikern und Praktikerinnen entwickelten und in zahlreichen Kindergärten in Hessen und Rheinland-Pfalz erprobtem Curriculum „Soziales Lernen" stellt der Situationsansatz die soziale Entwicklung des Kindes ins Zentrum frühpädagogischer Arbeit.

Ideengeschichtlich ist der Situationsansatz stark beeinflusst von zwei international bedeutsamen Denkern, dem ehemaligen Leiter des *Max-Planck-Instituts für Bildungsforschung* in Berlin Saul B. Robinsohn (1916-1972) und dem brasilianischen Pädagogen Paulo Freire (1921–1997). Das zentrale Prinzip des Lernens wird im Situationsansatz an Schlüsselsituationen durch ein von Robinsohn entwickeltes pädagogisches Strukturprinzip inspiriert, das die konkrete Lebenssituation und nicht inhaltliche Fächer zum Ausgangspunkt für pädagogische Arbeit setzt (Zimmer 2000).

In seinen bekanntesten Werken „Pädagogik der Unterdrückten" und „Pädagogik der Hoffnung" verknüpft Paulo Freire Bildung mit dem sozialpolitischen Motiv der Bewusstseinsbildung und Befreiung von unterdrückten und benachteiligten Gruppen. „Lernen", sagt er, „orientiert sich an den Schlüsselsituationen Entrechteter und zielt auf sozio-politische Bewusstwerdung" (Zimmer 2000, S. 84). Beide Prinzipien – das Lernen in sozialen Situationen sowie die Bewusstseinsbildung mit Bezug zu gesellschaftspolitischen Herausforderungen – fließen in die maßgeblich durch Jürgen Zimmer grundgelegten Charakteristika des Situationsansatzes ein: die Orientierung an der Lebenssituation von Kindern und Familien, die Verbindung von sozialem und sachbezogenem Lernen, die Beteiligung von Eltern und weiteren Akteuren als Experten, die Bedeutung des Lernens in altersgemischten Kindergruppen, die Öffnung ins Gemeinwesen sowie ein kritischer Blick auf die Institutionen (vgl. Preissing 2010).

Weiter werden im Situationsansatz die komplexen und sich wandelnden gesellschaftlich geprägten Lebenssituationen zum Ausgangspunkt pädagogischer Arbeit. Dieser Ausgangspunkt hat Einfluss darauf, welche Inhalte und Themen zum Gegenstand der Pädagogik gemacht und wie Bildungssettings methodisch gestaltet werden. „Ansatzpunkt und Inhalt der Bildung ist das vielschichtige, inhaltsreiche Leben der Kinder selbst. In realen Lebenssituationen, in denen Kinder als handelnde Subjekte eine Rolle spielen und der Erwerb von Wissen und Können für sie Sinn und Bedeutung haben, wird ihre Neugier und Lernfreude herausgefordert“ (Preissing/Heller 2009, S. 13). Dabei spielt der Einbezug des Sozialraums eine wichtige Rolle, denn der Situationsansatz versteht Pädagogik als eine gesellschaftliche Aufgabe, die nicht nur von der Kindertagesbetreuung, sondern gleichsam von weiteren Akteuren des Sozialraumes getragen werden muss.

Ausgehend von einem Bild vom Kind, in dem jedes Mädchen und jeder Junge „von Anfang an eigene Rechte sowie Möglichkeiten und Kräfte [hat, um] sich die Welt eigenaktiv mit allen Sinnen zu erschließen und sein Leben mit zu gestalten“ (Preissing/Heller 2009, S.13), verfolgt der Situationsansatz das Ziel, „dass sich alle Kinder – verschiedener sozialer und kultureller Herkunft sowie unterschiedlicher Entwicklungsvoraussetzungen – Erfahrungen und Kompetenzen aneignen, mit denen sie in einer sich ständig wandelnden internationalisierten Welt autonom, solidarisch und sachkompetent handeln können“ (Preissing/Heller 2010, S. 91). Dabei legt der Situationsansatz einen Fokus auf ein inklusives Bildungsverständnis, nach dem allen Kindern gleiche Rechte, aber jedem Kind in seiner Entwicklung Besonderheiten zugesprochen werden.

Die theoretischen Grundlegungen werden in fünf Dimensionen ausformuliert: Lebensweltorientierung, Bildung, Partizipation, Gleichheit und Differenz sowie Einheit von Inhalt und Form. Die sich daraus ableitenden pädagogisch-methodischen Aufgaben wiederum werden in 16 konzeptionellen Grundsätzen für die pädagogische Arbeit formuliert (vgl. Preissing/Heller 2009):

1. „Die pädagogische Arbeit geht aus von den sozialen und kulturellen Lebenssituationen der Kinder und ihrer Familien.
2. Erzieherinnen finden im kontinuierlichen Diskurs mit Kindern, Eltern und anderen Erwachsenen heraus, was Schlüsselsituationen im Leben der Kinder sind.
3. Erzieherinnen analysieren, was Kinder können und wissen und was sie erfahren wollen. Sie eröffnen ihnen Zugänge zu neuem Wissen und neuen Erfahrungen, die für ihr Aufwachsen von Bedeutung sind.
4. Erzieherinnen unterstützen Mädchen und Jungen in ihrer geschlechtsspezifischen Identitätsentwicklung und wenden sich gegen stereotype Rollenzuweisungen und -übernahmen.
5. Erzieherinnen unterstützen Kinder darin, ihre Phantasie und ihre schöpferischen Kräfte im Spiel zu entfalten und sich die Welt in der ihrer Entwicklung gemäßen Weise anzueignen.

6. Erzieherinnen ermöglichen, dass jüngere und ältere Kinder im gemeinsamen Tun ihre vielseitigen Erfahrungen und Kompetenzen aufeinander beziehen und sich dadurch in ihrer Entwicklung gegenseitig stützen können.
7. Erzieherinnen unterstützen Kinder in ihrer Selbständigkeitsentwicklung, indem sie ihnen ermöglichen, das Leben in der Kindertageseinrichtung aktiv mit zu gestalten.
8. Im täglichen Zusammenleben findet eine bewusste Auseinandersetzung mit Werten und Normen statt. Regeln werden gemeinsam mit Kindern vereinbart.
9. Die Arbeit in der Kindertageseinrichtung orientiert sich an Anforderungen und Chancen einer Gesellschaft, die durch verschiedene Kulturen geprägt ist.
10. Die Kindertageseinrichtung integriert Kinder mit Behinderungen, unterschiedlichen Entwicklungsvoraussetzungen und Förderbedarf und wendet sich gegen Ausgrenzung.
11. Räume und ihre Gestaltung stimulieren das eigenaktive und kreative Tun der Kinder in einem anregungsreichen Milieu.
12. Erzieherinnen sind Lehrende und Lernende zugleich.
13. Eltern und Erzieherinnen sind Partner in der Betreuung, Bildung und Erziehung der Kinder.
14. Die Kindertageseinrichtung entwickelt enge Beziehungen zum sozial-räumlichen Umfeld.
15. Die pädagogische Arbeit beruht auf Situationsanalysen und folgt einer prozesshaften Planung. Sie wird fortlaufend dokumentiert.
16. Die Kindertageseinrichtung ist eine lernende Organisation" (Preissing/Heller 2010, S. 110f.).

Pädagogischen Fachkräften wird im Situationsansatz die Rolle zugesprochen, als „Lehrende und Lernende zugleich" für Kinder bedeutsame Schlüsselsituationen zu identifizieren und diese gemeinsam mit den Kindern in alltäglichen Situationen und Projekten zu bearbeiten. Dabei müssen sie analysieren, welche Kompetenzen Kinder benötigen, um in ihrer Lebenswelt jetzt und in Zukunft aktiv mitgestalten zu können (vgl. Preissing/Heller 2009).

Im Rahmen des im Jahr 2000 ursprünglich temporär angelegten Projektes „Kinderwelten" am *Institut für den Situationsansatz* differenzierte sich aus dem Situationsansatz der Ansatz der „Vorurteilsbewussten Bildung und Erziehung" (VBuE). Dieser wurde im Laufe der letzten 20 Jahre weiterentwickelt und disseminiert. Als Adaption des in den USA maßgeblich durch Louise Derman-Sparks (vgl. Derman-Sparks 2012) entwickelten „Anti-Bias-Approach" (Ansatz gegen Einseitigkeit und Diskriminierung) wird mit dem VBuE ein Praxiskonzept für den deutschsprachigen Raum erschlossen und für die pädagogische Praxis mit jungen Kindern und ihren Familien aufgeschlüsselt, welches das Recht auf Bildung mit dem Recht auf Schutz vor Diskriminierung verknüpft (vgl. Wagner 2013).

Wie im Situationsansatz auch, werden hier Erfahrungen von Kindern und Fachkräften im Umgang mit Vielfalt genutzt, um Mehrfachzugehörigkeiten, Diversität und jegliche Formen der Diskriminierung bewusst zu machen.

Das Praxiskonzept der VBuE orientiert sich in der Ausgestaltung der pädagogischen Vorhaben an den folgenden Zielen (vgl. Wagner 2013):
1. Alle Kinder in ihren Identitäten stärken.
2. Allen Kindern Erfahrungen mit Vielfalt ermöglichen.
3. Kritisches Denken über Gerechtigkeit und Fairness anregen.
4. Aktiv werden gegen Unrecht und Diskriminierung.

Der Ansatz der VBuE wurde in den letzten Jahren im Rahmen verschiedener Projekte weiterentwickelt und hat bis heute große Resonanz in Deutschland erfahren.

Mit Blick auf die Überlegungen zur Demokratiebildung in der frühen Kindheit zeigt sich, dass der Situationsansatz wesentliche Elemente demokratiepädagogischer Maßnahmen aufgreift und daran anschlussfähig ist. Kindliches Lernen wird im Situationsansatz in Sinnzusammenhängen gedacht und verbindet Pädagogik mit dem Anspruch, dazu beizutragen, dass Kinder eigenaktiv die Welt von heute und von morgen mitgestalten können. Jürgen Zimmer fasst zusammen: „Der Situationsansatz ist eine Einladung, sich mit Kindern auf das Leben einzulassen“ (Haberkorn 2009). Die Beteiligung von Kindern wird so zu einem zentralen Prinzip, das alle pädagogisch-methodischen Aufgaben wie auch Inhalte durchzieht.

Der Situationsansatz betont den gesellschaftspolitischen Bezug des Aufwachsens sowie die Eingebundenheit in soziale Ordnungen und macht so Erziehung und Bildung zu einer gesamtgesellschaftlichen Verantwortung. Mit einer kritischen Perspektive auf gesellschaftliche Machtverhältnisse fordert er über seine Pädagogik die Durchsetzung gleicher Rechte für alle und die Reflexion von Machtverhältnissen ein. Diese Perspektive wurde mit dem Ansatz der vorurteilsbewussten Bildung und Erziehung explizit ausgearbeitet und zugespitzt.

6.2 Frühpädagogische Praxisprojekte und Initiativen zur Demokratiebildung

Um die Demokratie zu stärken sowie Diskriminierung und populistischer Meinungsbildung entgegenzutreten, werden vielfältige Strategien und Maßnahmen diskutiert, die unter anderem auch im Bildungssystem ansetzen. So verweist beispielsweise der „Aktionsplan zur Verhütung von gewalttätigem Extremismus“

der UN-Generalversammlung vom Januar 2016 explizit auf die frühkindliche Bildung als wichtigen Ansatzpunkt zur Entwicklung von Maßnahmen und Strategien für die Prävention gegen Extremismus: „Bildung soll auch heißen, die Achtung der Menschenrechte und der Vielfalt zu vermitteln, kritisches Denken zu fördern, die Medien- und digitale Kompetenz zu fördern und die Verhaltens- und sozio-emotionalen Fähigkeiten auszubilden, die zu einem friedlichen Zusammenleben und zur Toleranz beitragen können" (UN-Generalversammlung 2015, S. 20).

In der frühen Kindheit ist seit einigen Jahren eine Vielfalt an Praxisprojekten und Initiativen festzustellen, die sich mit Demokratie bzw. mit zentralen Aspekten von Demokratie befassen, während es gleichzeitig kaum Forschungsprojekte zu diesem Gegenstand gibt. Im Folgenden wird ein Überblick über einen Teil dieser Projekte und Initiativen gegeben, der entlang unterschiedlicher inhaltlicher und struktureller Aspekte systematisiert wird. Die Übersichten erheben keinen Anspruch auf Vollständigkeit, sondern geben einen beispielhaften Überblick über Praxisprojekte und Initiativen, die sich im weiteren Sinne mit Aspekten der Bildung und Demokratie in der frühen Kindheit befassen. Ziel der tabellarischen Aufarbeitung ist es, sowohl die Vielfalt mit Blick auf die zugrunde liegenden Themen und Formate darzustellen und zu systematisieren als auch die unterschiedlichen beteiligten Akteure (Adressatinnen und Adressaten sowie Träger und Förderer[3]) zu identifizieren.

Bei der Recherche der Projekte und Initiativen wurden alle einbezogen, die sich explizit dem Thema Demokratie widmen oder eine thematische Schnittmenge aufweisen[4]. Dabei wurde deutlich, dass diese Praxisprojekte oftmals mit anderen inhaltlichen Themen verknüpft sind oder einzelne relevante Aspekte fokussieren. Dadurch zeigt sich eine Spannweite von Projekten, die entweder direkt das Ziel Demokratiebildung oder Demokratieförderung formulieren oder eher indirekt auf Demokratie abzielen, indem sie demokratierelevante Teilaspekte zum Gegenstand haben. So behandeln beispielsweise einige der Demokratie-Projekte und -Initiativen auch Themen, die sich vorwiegend auf interkulturelle Bildung oder auf inklusive Strukturen in den Einrichtungen beziehen (wie *bestimmt bunt*; *Demokratie, das sind wir alle. Vielfalt, das sind wir alle*). Andere, wie das präventionsorientierte Projekt *ATID*, fokussieren Demokratie ausdrücklich als Leitziel (Zentralwohlfahrtsstelle 2019).

3 Die Zuteilung von Förderern und Trägern erfolgte nach den Angaben der Projekte und Initiativen. Wurde dies aus den Projektbeschreibungen und der Recherche nicht deutlich, sind hierzu keine Angaben vermerkt.

4 Unser ausdrücklicher Dank gilt Nicolai Kriesel und Jessica Angioni, die als studentische Mitarbeitende maßgeblich an der Recherche der Praxisprojekte und Initiativen beteiligt waren.

Anhand dieser thematischen Vielfalt wurden schließlich folgende vier Kategorien aus den unterschiedlichen Zielvorgaben identifiziert, mit deren Hilfe die Projekte gebündelt und sortiert wurden:

1. Prävention
2. interkultureller Austausch
3. Demokratie
4. Inklusion und Teilhabe

Bei der Recherche wurden die Internetauftritte sowie online zur Verfügung gestellte Dokumente (wie die von Trägern oder Förderern der Projekte zugänglich gemachten Projektberichte und Informationsbroschüren) als Datenquellen genutzt. Die Tabellen geben somit im Wesentlichen die Inhalte wieder, die aus der Außendarstellung der Projekte zu entnehmen sind. Inhaltliche Analysen wurden in diesem Zusammenhang nicht durchgeführt, sondern ausschließlich Informationen gesammelt und tabellarisch aufbereitet.

Die Projekte sind innerhalb der oben genannten vier Kategorien entlang von fünf Aspekten dargestellt: Neben den in alphabetischer Reihenfolge aufgelisteten Projektnamen sind das Ziel des jeweiligen Projektes, dessen Zielgruppe, sein Umsetzungsformat sowie die Förderquelle bzw. der Träger kurz zusammengefasst. Besonders der Aspekt Zielgruppe ist in diesem Zusammenhang nicht immer eindeutig identifizierbar. So wird diese in manchen Fällen nicht direkt benannt, sodass es bei den Autorinnen und Autoren dieses Buches lag, die Zuordnung vorzunehmen. Zur Zielgruppe wurden dementsprechend die Personengruppen gezählt, die die Projekte in ihrer Außendarstellung explizit als solche benennen. Liegt diese explizite Nennung nicht vor, wurde zum einen die Personengruppe als Zielgruppe gezählt, an die sich die Formate richten, zum anderen aber auch diejenigen, die von der Maßnahme profitieren sollten. Einige Projekte benennen auch häufig die „Kita als solche" als Zielgruppe und richten sich so explizit an unterschiedliche Akteure (Eltern, pädagogische Fachkräfte oder Kinder), die in der Kita aktiv sind. Darüber hinaus richten sich einige Projekte auch explizit an Jugendliche. Da sich die vorliegende Bestandsaufnahme aber nur mit der frühkindlichen Bildung befasst, wurden nur Projekte berücksichtigt, die sich in erster Linie an junge Kinder und ihre Familien richten. Auch die vollständige Identifizierung des Trägers bzw. der Förderer sowie die Laufzeit ist in den Projekten in unterschiedlichem Maße möglich.

Die Praxisprojekte wurden zudem, entsprechend ihrer Umsetzungsformate folgenden unterschiedlichen Kategorien zugeordnet:

1. *Fort- und Weiterbildungen, Bereitstellung von Lehr-/Lernmaterialien*
   Die Projekte und Initiativen bieten gezielt Fort- und Weiterbildungen, Seminare oder Workshops an, bei denen Lehr-/Lernmaterialien zur Verfügung gestellt werden.

2. *Finanzielle Förderung von Projekten, Vernetzung*
   Die Projekte und Initiativen fördern im Rahmen ihrer Arbeit Projekte (z. B. Modellprojekte) und Vorhaben finanziell oder haben die Vernetzung verschiedener Akteure (durch die Gründung von Bündnissen oder die Organisation von Vernetzungstreffen) zum Ziel.
3. *Projektarbeit*
   Im Rahmen der Projekte und Initiativen werden Vorhaben vor Ort gefördert oder gemeinsam mit Akteuren aus der Praxis konzipiert. „Projektarbeit" unterscheidet sich dementsprechend von der Kategorie „Finanzielle Förderung von Projekten, Vernetzung", weil sich hier die Unterstützung über den finanziellen Aspekt hinaus auch auf die Organisation und inhaltliche Ausgestaltung der Projekte bezieht.
4. *Beratungsangebote, Informationsmaterialien*
   Die Projekte und Initiativen bieten unterschiedlichen Zielgruppen Beratungs- und Unterstützungsformate an, stellen Informationsmaterialien zur Verfügung (z. B. Broschüren, Linksammlungen, Literaturhinweise) oder eine Internetplattform bereit.
5. *Kombination unterschiedlicher Formate*
   Die Projekte und Initiativen nutzen eine Kombination der dargestellten Formate.

Praxisprojekte und Initiativen zum Themenbereich Prävention

Bei der Recherche von Projekten und Initiativen zum Thema Demokratieförderung/Demokratiebildung sind auch solche aufzufinden, die mit dem expliziten Ziel der Prävention gegen unerwünschtes Verhalten agieren (siehe Kapitel 5). Praxisprojekte dazu sind vielschichtig und arbeiten präventiv z. B. gegen Gewalt, Armut, Sucht, Diskriminierung oder Krankheit. Dabei ist zu berücksichtigen, dass es hierbei nicht nur um Projekte im Bereich der Radikalisierungsprävention geht. Diese Projekte und Initiativen vermitteln gleichzeitig auch Kompetenzen, die für ein friedliches Zusammenleben in einer demokratischen Gesellschaft unabdingbar sind, so Konfliktlösungsfähigkeiten (wie *Faustlos*), Resilienz (wie *Reich an Mut!*) oder Mitgefühl (wie *Papilio*). Die Recherche wurde daher bewusst breit angelegt und auch solche Projekte berücksichtigt, die gemäß ihren Zielangaben die Förderung dieser Kompetenzen unterstützt. Einige der Projekte und Akteure beziehen sich auf einen speziellen Präventionsaspekt, z. B. auf die Vorbeugung psychischer Gesundheitsprobleme (wie *Schatzsuche*); andere weisen eine Kombination aus verschiedenen inhaltlichen Präventionsaspekten auf (wie *Reich an Mut!* oder *Papilio*).

Der genannte Facettenreichtum zeigt sich auch bei der Vielzahl von unterschiedlichen Akteuren im Feld der institutionellen Kindertagesbetreuung, die von den

Initiativen und Projekten adressiert werden. Ein Blick auf die Tabelle zeigt, dass die Formate vor allem Fortbildungen für pädagogische Fachkräfte beinhalten, oft auch in Kombination mit anderen Formaten (wie Informationsmaterialien oder Beratungsangebote). Daraus kann aber nicht geschlossen werden, dass nur die Fachkräfte als Zielgruppe anvisiert werden. So richten sich die Angebote zwar häufig direkt an diese, sie sollen aber indirekt auch Auswirkungen auf Kinder, Jugendliche, Eltern bzw. Erziehungsberechtige ebenso haben wie auf die Einrichtungen als solche.

Das überregional aktive Angebot *FREUNDE* beispielsweise adressiert neben pädagogischen Fachkräften auch Eltern und Kinder sowie die Öffentlichkeit. So soll sich die Teilnahme an den Fortbildungen vor allem positiv auf die Kinder auswirken, die entsprechend indirekt adressiert werden. Die Eltern werden wiederum über das Konzept informiert und sollen durch das Projekt sensibilisiert werden. Im Projekt *ElternStärken* werden Eltern und Fachkräfte aus unterschiedlichen Institutionen (Jugendhilfe, Familien- und Elternberatung, Schulen und Kitas) individuell und direkt adressiert. Eltern, die bei ihren Kindern rechtsextreme Äußerungen oder Verhaltensmuster erkennen, erhalten bei *ElternStärken* Informationen und Beratung sowie die Möglichkeit, an Beratungsstellen weitervermittelt zu werden. Den Fachkräften steht das Projekt u. a. mit Informationen, Orientierungswissen und Reflexionsmöglichkeiten unterstützend zur Seite.

Projektname	Ziel	Zielgruppe	Format	Förderquelle/Träger
Fort- und Weiterbildungen, Bereitstellung von Lehr-/Lernmaterialien				
Faustlos	– Gewaltprävention – Förderung sozial-emotionaler Kompetenzen	Kita	Fortbildung für päd. Fachkräfte	– Heidelberger Präventionszentrum (HPZ) (Träger) – seit: 2002
Prävention als Chance – Gewaltprävention und zum sozialen Lernen (Pilotprojekt)	– Sucht-, Gewalt- und Rechtsextremismusprävention – Förderung sozialer Kompetenzen, Verbesserung des Gruppenklimas	– päd. Fachkräfte – Kinder – Eltern	– Fortbildung für päd. Fachkräfte – Elternkurse	– Niedersächsisches Institut für frühkindliche Bildung und Entwicklung (nifbe) (Träger) – Gemeinde-Unfallversicherungsverband Hannover (GUVH) (Förderer) – Landeskriminalamt Niedersachsen (Förderer) – seit: 2018
Schatzsuche – Förderung des seelischen Wohlbefindens von Kindern in Kitas	Programm zur Förderung des seelischen Wohlbefindens und Vorbeugung psychischer Gesundheitsprobleme der Kinder	– päd. Fachkräfte – Kinder – Eltern	– Fortbildung für päd. Fachkräfte – Elternprogramm	– Technische Krankenkasse (Förderer) – AOK (Förderer) – seit: 2017
Finanzielle Förderung von Projekten, Vernetzung				
Reich an Mut! – Teilhabe und Chancen für Kinder und Jugendliche	Schaffung kultureller Bildungs- und Gesundheitsprogramme zur Erhöhung von Teilhabechancen sowie als Armutsprävention	Kinder	Förderung von Modellprojekten	Stiftung Kinderland Baden-Württemberg (Förderer)
Beratungsangebote, Informationsmaterialien				
KiDs – Kinder vor Diskriminierung schützen!	– Information – Beratung – Aktivwerden gegen Diskriminierung, die junge Kinder betrifft	– päd. Fachkräfte – Kinder – Eltern	Beratung von: – Eltern – Sorgeberechtigten – Bezugspersonen – päd. Fachkräften (ggf. direkter Einbezug der Kinder)	– INA – Internationale Akademie Berlin (Träger) – Institut für den Situationsansatz (ISTA) (Träger) – Bundesministerium für Familie, Senioren, Frauen und Jugend (im Rahmen des BP „Demokratie leben!“) (Förderer) – seit: 2020

Projektname	Ziel	Zielgruppe	Format	Förderquelle/Träger
Kombination unterschiedlicher Formate				
ATID – ZUKUNFT	– Prävention gegen Diskriminierung der jüdischen Gemeinde in der Kindertagesbetreuung – Kita als Ort der religiösen und kulturellen Vielfalt	– päd. Fachkräfte und Fachpersonal in jüdischen Institutionen – Mitarbeitende jüdischer Bildungseinrichtungen	– Fortbildungen – Workshops – Fachgespräche – themenbezogene Supervision – Organisationsberatung – Qualitätsentwicklung	– Entwickelt von Zentralwohlfahrtsstelle der Juden in Deutschland e. V. (ZWST) – Kompetenzzentrum für Prävention und Empowerment (Träger) – BMFSFJ (im Rahmen des BP „Demokratie leben!") (Förderer) – Laufzeit: 2017–2024
Beschweren erwünscht! Antidiskriminierung als aktiver Kinderschutz in der Kita	Entwicklung und Umsetzung von diskriminierungssensiblen Beschwerdeverfahren für Einrichtungen des Elementarbereichs sowie eines Beratungsangebots für von Diskriminierung betroffenen jungen Kindern und deren Bezugspersonen	– Kitas – Kinder – Bezugspersonen	– Begleitung und Erprobung von Beschwerdeverfahren in Einrichtungen – Beratungsangebot für Kinder und deren Bezugspersonen	– Fachstelle Kinderwelten des Instituts für den Situationsansatz (ISTA) der INA – Internationale Akademie Berlin (Träger) – BMFSFJ (im Rahmen des BP „Demokratie leben!") (Förderer) – Laufzeit: 2016–2019
ElternStärken	Stärkung der Erziehungs- und Selbsthilfekompetenzen von Eltern rechtsextrem orientierter bzw. gefährdeter Kinder	– Eltern – päd. Fachkräfte	– Informationen, Unterstützung, Beratung für Eltern – Fortbildungen, Workshops, Coachings für Fachkräfte	– pad – präventive, altersübergreifende Dienste im sozialen Bereich – gGmbH (Träger) – Berliner Senatsverwaltung für Justiz, Verbraucherschutz und Antidiskriminierung (im Rahmen des LP „Demokratie. Vielfalt. Respekt. Gegen Rechtsextremismus, Rassismus und Antisemitismus") (Förderer) – seit: 2008
FREUNDE	– gesunde Persönlichkeitsentwicklung – Sucht- und Gewaltprävention durch Sensibilisierung der Fachkräfte und Eltern	– päd. Fachkräfte – Eltern – Kinder	– Fortbildung für Fachkräfte – Informationsangebote für Eltern	– Sächsische Landesvereinigung für Gesundheitsförderung (SLfG) (Träger) – Sächsisches Staatsministerium für Soziales und Verbraucherschutz (Förderer) – Bayerisches Staatsministerium für Familie, Arbeit und Soziales (STMAS) (Förderer) – Bayerisches Staatsministerium für Gesundheit und Pflege (STMGP) (Förderer) – AOK Bayern (Förderer) – E.ON (Kooperationspartner) – seit: 2007
Huckepack – Mentorengestützte Prävention zur Entwicklung sozialer Kompetenzen im Vorschulalter	Präventionsprogramm auf Basis einer Verbesserung emotionaler und sozialer Kompetenzen	– päd. Fachkräfte – Kinder – Eltern	– (Team-)Fortbildungen für Fachkräfte – Mentoringprogramm für Kinder – Workshops für Eltern	– HUCKEPACK-Kinderförderung e. V. (Träger) – seit: 2009
Papilio	– Entwicklung von Präventionsprogrammen zur Sucht- und Gewaltprävention – Förderung der sozial-emotionalen Kompetenzen	– päd. Fachkräfte – Kinder – Eltern	– Fortbildung für Fachkräfte – Elternabende und Elterngespräche	– diverse kleine Förderer (siehe: https://www.papilio.de/zahlen.html (letzter Zugriff: 25.12.2020) – seit: 2010
Violence Prevention Network: Early Birds	Etablierung von Angeboten zu Antidiskriminierung, politischer Bildungsarbeit und Frühprävention im Vorschulalter	– päd. Fachkräfte – Kinder – Eltern	– Workshops und Qualifizierung für Mentorinnen und Mentoren – Beratung für päd. Fachkräfte – Mentoringprogramm mit Kindern – Zielgespräche mit Eltern	– TU Chemnitz/Huckepack Kinderförderung e. V. (Träger) – Violence Prevention Network e.V. (Träger) – BMFSFJ (im Rahmen des BP „Demokratie leben!") (Förderer) – Sächsisches Staatsministerium für Soziales und Verbraucherschutz (SMS) (Co-Finanzier)

Praxisprojekte und Initiativen zum Themenbereich interkultureller Austausch

Die hier dargestellten Projekte im Bereich interkultureller Austausch beziehen sich auf das Themenspektrum interkulturelle bzw. interreligiöse Bildung, kultursensible und diversitätsbewusste Pädagogik, Sprachförderung sowie kultureller Austausch. Die Formate der Projekte variieren entsprechend. So wird im Projekt *frühstart* der gemeinnützigen Hertie-Stiftung der Fokus auf eine Verknüpfung der Aspekte interkulturelle Bildung, Elternarbeit, Sozialraumarbeit und Sprachförderung gelegt. Dazu werden u. a. Weiterbildungen und Praxisberatungen für die Fachkräfte sowie Seminare für Eltern durchgeführt, die diese bei Unsicherheiten bezüglich des Bildungsprozesses ihrer Kinder unterstützen sollen. Das von der *Stiftung Kinderland Baden-Württemberg* geförderte Programm „Interkulturell-interreligiös sensible Bildung in Kitas“ fördert Modellprojekte in Kindertagesstätten, die sich u. a. innovativen Ansätzen und Konzepten zur Stärkung interkultureller und interreligiöser Bildung widmen.

Einen stärkeren Fokus auf gezielte Projektarbeit legt das Projekt *Nachbarwelten*, initiiert von den Koordinierungszentren des deutsch-tschechischen Jugendaustausches. Das Projekt hat zum Ziel, den interkulturellen Austausch von Kindertagesstätten, Grundschulen, Horten und Jugendorganisationen zu unterstützen, die sich entlang der deutsch-tschechischen Grenze befinden. Das Projekt organisiert und finanziert den Besuch von Pädagoginnen und Pädagogen, die bereits Erfahrungen mit grenzüberschreitenden Projekten sammeln konnten. Dadurch sollen Berührungsängste genommen und gemeinsame Sprach- oder Medienprojekte initiiert werden.

Projektname	Ziel	Zielgruppe	Format	Förderquelle/Träger
Fort- und Weiterbildungen, Bereitstellung von Lehr-/Lernmaterialien				
Chancen-gleich!	Päd. Fachkräfte in Kitas dabei unterstützen, die Ressourcen und Stärken, die Kinder und ihre Familien aus ihren Kulturen, Sprachen und Lebenswelten mitbringen, für Bildungsprozesse zu nutzen.	päd. Fachkräfte	Qualifizierungsprogramm für päd. Fachkräfte	– Zentrum für Kinder- und Jugendforschung (ZfKJ) (Träger) – Robert Bosch Stiftung (Förderer) – Laufzeit 2012–2014
Finanzielle Förderung von Projekten, Vernetzung				
Interkulturell-interreligiös sensible Bildung in Kitas	Stärkung interkultureller und interreligiöser Bildung sowie der religionspädagogischen Begleitung in Kindertagesstätten	Kitas	Unterstützung verschiedener Modellprojekte	– Stiftung Kinderland Baden-Württemberg (Förderer) – Laufzeit: 2015–2018
Projektarbeit				
Nachbarwelten – Sousední světy	– kultureller Austausch – Kennenlernen der Nachbarsprache und des Nachbarlandes	Kitas	Basteln, Sprach- und Medienprojekte	– Tandem (Träger) – Europäische Union. Europäischer Fonds für regionale Entwicklung (Förderer) – weitere Förderer unter: – http://www.sousednisvety.info (letzter Zugriff: 25.12.2020) – Laufzeit: 2016–2019
Kombination unterschiedlicher Formate				
frühstart – Deutsch und interkulturelle Bildung im Kindergarten	– nachhaltige Förderung der Kinder durch systematische Verknüpfung der Sprachförderung mit den Bausteinen interkulturelle Bildung, intensive Elternarbeit, Vernetzung der Akteure vor Ort	– päd. Fachkräfte – Eltern	– Weiterbildungen und Praxisberatungen für päd. Fachkräfte – Elternseminare – Fortbildung von Elternbegleitern – Vernetzung im Sozialraum	– Gölkel Stiftung (Förderer) – Hessisches Sozialministerium (Förderer) – Stiftung Flughafen Frankfurt/Main (Förderer) – Türkisch-Deutsche Gesundheitsstiftung e. V. (Förderer) – weitere (ehemalige) Kooperationspartner unter: www.fruehstart-hessen.de (letzter Zugriff: 25.12.2020) – seit: 2004

Praxisprojekte und Initiativen zum Bereich Demokratie

Es lassen sich eine Vielzahl von Praxisprojekten und Initiativen finden, die in ihrem Namen explizit den Bezug zum Themenbereich Demokratie formulieren. Sie fokussieren besonders die Aspekte Demokratiebildung, Partizipation und Demokratie als Alltagskultur. So zielt beispielsweise das regional agierende Projekt „Demokratiebildung in Chemnitzer Kitas" der KINDERVEREINIGUNG Sachsen e. V auf die Etablierung einer demokratischen Alltagskultur durch Partizipation unter Berücksichtigung der Kinderrechte in sechs Kitas in Chemnitz. Die Projekte „Demokratie von Anfang an" und „Demokratie leben in Kindergarten und Schule" der Deutschen Kinder- und Jugendstiftung widmen sich gezielt dem Thema Demokratie als Alltagskultur. So sollen im ersten Projekt pädagogische Fachkräfte bei der Entwicklung einer demokratischen Kita-Kultur unterstützt werden. Das zweite Projekt zielt auf die Etablierung einer Alltagsdemokratie in den Einrichtungen, damit die Kinder einen gleichwertigen, verantwortungsvollen und respektvollen Umgang miteinander erlernen (Höhme-Serke 2005).

Andere Projekte bieten einen Leitfaden, Anregungen für die pädagogische Arbeit und setzen Impulse zur weiterführenden Auseinandersetzung mit den Bildungsgrundsätzen sowie zur Reflexion des pädagogischen Handelns, z. B. „Bildungskoffer". Mit den Themen Partizipation, Demokratie und Kinderrechte sowie Inklusion und Vielfalt werden hierbei zwei Querschnittbereiche integriert. Das Projekt „Kleine Worte – Große Wirkung! Kinderrechte in der frühkindlichen Bildung" behandelt zwar nicht explizit eines der genannten Themen, das Thema Kinderrechte kann aber gleichzeitig nur schwer von diesen abgekoppelt werden. Ziel des Projektes ist es, die Kinderrechte als Basis der pädagogischen Arbeit von Fachkräften zu etablieren.

Die Adressatinnen und Adressaten der Initiativen variieren hier u. a. zwischen den Kitas (die sich z. B. im Rahmen von Landesprogrammen für Modellprojekte bewerben können), den Kita-Fachberatungen (die durch ihre Teilnahme an Weiterbildungen zum Ausbau eines Netzwerks für Demokratie beitragen sollen – „Kitas MIT WIRKUNG") und den Kindertagespflegepersonen (die mithilfe von Materialien und Fortbildungsangeboten zur Sicherung und Weiterentwicklung einer demokratischen Kultur in der Kindertagespflege beitragen sollen – „Demokratie und Partizipation von Anfang an"). Bei den vorgestellten Projekten geht es überwiegend um die Entwicklung von Fort- und Weiterbildungsmaßnahmen sowie um die Bereitstellung von Materialien und anderen Unterstützungsmaßnahmen.

Im Kontext von Initiativen, die im Themenfeld Demokratie aktiv sind, wird die Rolle von staatlichen Akteuren auf Bundes- und Länderebene besonders deutlich. Viele Praxisprojekte werden durch Bundesprogramme gefördert und initiiert (u. a. „Demokratie Leben!"), durch Programme auf Landesebene (z. B.

„Hessen – aktiv für Demokratie und gegen Extremismus", „Weltoffenes Sachsen") oder auf kommunaler Ebene (wie „Demokratiebildung in Chemnitzer Kitas"). Dies untermauert die Schlüsselfunktion staatlicher und politischer Akteure für die Förderung und den Anstoß von Initiativen, die sich im weitesten Sinne auf den Themenkomplex Demokratie in der Kindertagesbetreuung beziehen.

Im Rahmen des Bundesprogramms „Demokratie Leben!" des Bundesministeriums für Familien, Senioren, Frauen und Jugend (BMFSFJ) wurde die Koordinierungsstelle „Demokratie und Vielfalt in der Kindertagesbetreuung" (DUVK) initiiert. Hierbei handelt es sich um ein Gesamtvorhaben der sechs Spitzenverbände der *Freien Wohlfahrtspflege* und der *Arbeitsgemeinschaft für Kinder- und Jugendhilfe* (AGJ). Im Rahmen dieses Gesamtvorhabens werden verschiedene Einzelvorhaben der Spitzenverbände umgesetzt. Die Koordinierungsstelle DUVK selbst wird ebenfalls im Rahmen des Bundesprogramms „Demokratie Leben!" des BMFSFJ gefördert. Die hierfür eingerichtete Koordinierungsstelle steht den Kooperationspartnern mit fachlicher Unterstützung zur Seite; sie übernimmt die Öffentlichkeitsarbeit und stellt die fachliche Vernetzung sowie den Austausch mit den bestehenden Strukturen des Bundesprogramms sicher.

Projektname	Ziel	Zielgruppe	Format	Förderquelle/Träger
Fort- und Weiterbildungen, Bereitstellung von Lehr-/Lernmaterialien				
Bildungskoffer	Leitfaden und Anregungen für päd. Arbeit setzen Impulse zur weiterführenden Auseinandersetzung mit den Bildungsgrundsätzen sowie zur Reflexion des päd. Handelns.	Kinder	Lehr- und Lernmaterial	– Ministerium für Kinder, Familie, Flüchtlinge und Integration des Landes Nordrhein-Westfalen (MKFFI) (Träger und Förderer) – seit: 2018
Demokratiebildung durch Mitentscheiden und Mithandeln in der Kita	spielend an Thema gesellschaftliches Engagement heranführen	– päd. Fachkräfte – Multiplikatorinnen u. Multiplikatoren	Weiterentwicklung bisheriger Fortbildungsmaterialien zu einem frei zugänglichen Online-Kurs	– Bertelsmann-Stiftung (Träger) – BMFSFJ (im Rahmen des BP „Demokratie leben!") (Förderer)
Demokratie leben in Kindergarten und Schule	– Alltagsdemokratie für Kinder etablieren – lernen, sich gleichwertig, verantwortungsvoll und respektvoll zu begegnen	päd. Fachkräfte	Fortbildungen für Fachkräfte	– Bernard van Leer Stiftung (Förderer) – Lindenstiftung für vorschulische Erziehung (Förderer) – Institut für den Situationsansatz (ISTA) an der Internationalen Akademie gGmbH (INA) (Träger) – Regionale Arbeitsstellen für Bildung Integration und Demokratie e.V. (RAA) (Träger) – Laufzeit: 2005–2007
Demokratie leben – von Anfang an!	partizipationsorientierte Haltung und demokratisches Handeln bei frühpädagogischen Fachkräften stärken	päd. Fachkräfte	Workshops mit päd. Fachkräften	– Deutsches Rotes Kreuz (Träger) – BMFSFJ (im Rahmen des BP „Demokratie leben!") (Förderer) – Laufzeit: 2017–2019
Demokratie leben – Elternpartizipation beim Übergang Kita-Schule	partizipations- und vielfaltsorientierte Bildungs- und Erziehungspartnerschaft beim Übergang von der Kita in die Grundschule nachhaltig unterstützen	– Akteure am Übergang Kindertageseinrichtung-Grundschule: frühpäd. Fachkräfte, päd. Fachkräfte Grundschule, Eltern/ Familien, Kinder – MultiplikatorInnen in den DRK-Strukturen	– Entwicklung eines Curriculums – Entwicklung von Kooperationsmodellen – Erprobung an Modellstandorten	– Deutsches Rotes Kreuz (Träger) – BMFSFJ (im Rahmen des BP „Demokratie leben!") (Förderer) – Laufzeit: 2020–2024

Projektname	Ziel	Zielgruppe	Format	Förderquelle/Träger
Demokratie und Partizipation von Anfang an – Demokratische Kultur in der Betreuung von jungen Kindern in Kindertagespflege sichern und weiterentwickeln	Sicherung und Weiterentwicklung der demokratischen Kultur in Kindertagespflege	– Kindertagespflegepersonen (KTPP) – Fachberatungen (FB) – Kinder	– Entwicklung und Bereitstellung von praxistauglichen Materialien und Fortbildungsangeboten – Bedarfserhebungen von KTPP und FB	– Bundesverband für Kindertagespflege (Träger) – BMFSFJ (im Rahmen des BP „Demokratie leben!“) (Förderer) – Laufzeit: 2017–2019
Demokratie und Partizipation in der Kindertagespflege	– Kindertagespflegepersonen dabei unterstützen, Partizipation von jungen Kindern in der Praxis umzusetzen – Fachberaterinnen und -beratern von Kindertagespflegebüros, Jugendämtern und Fachdiensten befähigen, themenbezogene Handlungskompetenzen zu vermitteln	– Kindertagespflegepersonen (KTPP) – Fachberaterinnen und Fachberater, Referentinnen u. Referenten aus Qualifizierung und Weiterbildung von Kindertagespflegepersonen – Kindertagespflegebüros – ehrenamtlich tätige Landesverbände (Mitglieder des BVKTP)	Ausbildung von Multiplikatorinnen und Multiplikatoren	– Bundesverband für Kindertagespflege (Träger) – BMFSFJ (im Rahmen des BP „Demokratie leben!“) (Förderer) – Laufzeit: 2020–2024
Demokratie von Anfang an – Kindertageseinrichtungen als Lernorte der Demokratie	Unterstützung päd. Fachkräfte bei der Entwicklung einer demokratischen Kita-Kultur	päd. Fachkräfte	Arbeitsmaterialien	– Deutsche Kinder- und Jugendstiftung (DKJS) (Träger) – BMFSFJ (im Rahmen des BP „Vielfalt tut gut.“) (Förderer) – Sächsisches Staatsministerium des Innern (im Rahmen des LP „Weltoffenes Sachsen für Demokratie und Toleranz“) (Förderer) – Laufzeit: 2007–2010
jungbewegt – Dein Einsatz zählt.	Entwicklung von Konzepten für die Förderung von Engagement, Partizipation und Demokratiebildung	Kita	Fortbildung von pädagogischen Fachkräften	– Bertelsmann-Stiftung (Träger) – Laufzeit: 2009–2013

Projektname	Ziel	Zielgruppe	Format	Förderquelle/Träger
Kitas MIT WIRKUNG	Ausbau eines landesweiten Netzwerks für Demokratie in Kitas	Kita-Fachberatungen	Weiterbildung für Kita-Fachberatungen	– Deutsche Kinder- und Jugendstiftung (DKJS) (Träger) – Ministerium für Bildung Rheinland-Pfalz (Partner) – Laufzeit: 2018–2019
Kleine Worte – Große Wirkung! Kinderrechte in der frühkindlichen Bildung	Etablierung der Kinderrechte in Kitas als Basis der pädagogischen Arbeit. Die Bereiche Schutz/Nicht-Diskriminierung, Förderung und Beteiligung stehen dabei im Fokus	päd. Fachkräfte	Lernmaterialien für pädagogische Fachkräfte	– Makista e. V. Bildung für Kinderrechte & Demokratie (Träger) – Land Hessen (im Rahmen des LP „Aktiv für Demokratie und gegen Extremismus") (Förderer)
Partizipation und Demokratiebildung in der Kindertagesbetreuung	– Demokratiebildung von Kindern in Kindertagesbetreuung fördern – Stärkung und Förderung der Kompetenzen der Fachkräfte	päd. Fachkräfte	– Entwicklung von Materialien (Arbeitshilfen, E-Learning-Angebote, Videomaterialien) – Durchführung von Veranstaltungen	– Deutscher Paritätischer Wohlfahrtsverband (Träger) – GlücksSpirale (Förderer) – BMFSFJ (im Rahmen des BP „Demokratie leben!") (Förderer) – Laufzeit: 2017-2019, verlängert: 2020–2024
Partizipation und Hochbegabung: Ein Bündnis im Kita-Netzwerk „Demokratie von Anfang an"	Kindertagesstätten in Demokratie-Erziehung qualifizieren	Kitas	Fortbildungen für Fachkräfte	– Deutsche Kinder- und Jugendstiftung (Träger) – Karg-Stiftung (Träger) – Laufzeit: 01–12/2013
Thüringen 19_19 Demokratie Lernen	Stärkung der Demokratie- und Menschenrechtsbildung	u. a. Kitas	Qualifizierung und Weiterentwicklung von 19 Lernorten der Demokratie	– Thüringer Ministerium für Bildung, Jugend und Sport (im Rahmen des LP „Denk Bunt") (Förderer) – BMFSFJ (im Rahmen des BP „Demokratie leben!") (Förderer) – Laufzeit: 2012–2018

Projektname	Ziel	Zielgruppe	Format	Förderquelle/Träger
Finanzielle Förderung von Projekten, Vernetzung				
Bündnis „Demokratie gewinnt“	demokratische und partizipative Gestaltung der Lern- und Lebensorte von Kindern	Lern- und Lebensorte von Kindern	Gründung eines Netzwerks für Demokratie	– Pädagogisches Landesinstitut Rheinland-Pfalz (Träger) – Leitstelle Ehrenamt und Bürgerbeteiligung der Staatskanzlei Rheinland-Pfalz (Koordination) – Laufzeit: seit 2017
Demokratie und Vielfalt in der Kindertagesbetreuung (DUVK)	– Kooperationsprojekt der sechs Spitzenverbände der Freien Wohlfahrtspflege – Unterstützung demokratie- und partizipationsfördernder Projekte	– päd. und nicht päd. Fachkräfte – Eltern – Elternvertretungen – Kinder	Unterstützung verschiedener Projekte	– BMFSFJ (im Rahmen des BP „Demokratie leben!“) (Förderer) – Laufzeit: 2017-2024
Regionale Arbeitsstellen für Bildung, Integration und Demokratie (RAA Berlin)	Unterstützung diskriminierungskritischer Partizipationsprojekte	– Kitas – Kinder – Eltern – Ämter	Förderung verschiedener Projekte	– Finanzierung durch Stiftungszuwendungen, öffentliche Mittel und Spenden – weitere Kooperationspartner unter: http://raa-berlin.de/raa-berlin/kooperationen/(letzter Zugriff: 25.12.2020) – seit 1991
Projektarbeit				
Demokratiebildung in Chemnitzer Kitas	– Etablierung einer demokratischen Alltagskultur und Partizipation – Einbindung von Kinderrechten	Kitas	für Kitas: Entwicklung individueller Themen, die im Rahmen eines Projektes mit Kindern konzipiert und durchgeführt werden	– Kindervereinigung Sachsen e. V. (Träger) – BMFSFJ (im Rahmen des BP „Toleranz Fördern – Kompetenz stärken“) (Förderer) – Stadt Chemnitz (Förderer) – Laufzeit: 1–12.2013

Projektname	Ziel	Zielgruppe	Format	Förderquelle/Träger
Kombination unterschiedlicher Formate				
bestimmt bunt – Vielfalt und Mitbestimmung in der Kita	Befähigung päd. Fachkräfte darin, die Entwicklung der demokratischen Kompetenzen der Kinder zu fördern und sie in ihrem Aufwachsen als aufgeschlossene und einander wertschätzende Menschen zu begleiten	Kitas	– Fort- und Weiterbildung – Entwicklung von Materialien und Umsetzungskonzepten	– Deutsches Kinderhilfswerk (Träger) – Bundesministerium für Familie, Senioren, Frauen und Jugend (im Rahmen des BP „Demokratie leben!") (Förderer) – Laufzeit: 2016–2019
Bündnis für Demokratie und Toleranz – gegen Extremismus und Gewalt (BfDT)	Zivilgesellschaftliches Engagement für Demokratie und Toleranz sichtbar machen und Menschen zum Einsatz für die Demokratie zu ermutigen	zivilgesellschaftliche Organisationen und AkteurInnen bzw. Akteure	– Würdigung zivilgesellschaftlicher Organisationen u. von AkteurInnen – Anlaufstelle für Fragen/Bedarfe – Identifizierung überregional relevanter Themen und Bedarfe	– Bündnis für Demokratie und Toleranz (Teil der Bundeszentrale für politische Bildung) (Träger) – seit: 2011
Demokratie, das sind wir alle. Vielfalt, das sind wir alle.	Identifizierung, Unterstützung und nachhaltige Sicherung von demokratiefördernden, partizipativen Ansätzen im Arbeitsfeld der Kindertagesbetreuung	– päd. Fachpersonal – Leitungskräfte	– Schulungen des Konzepts „Kinderstube der Demokratie" – Beratungs- und Unterstützungsformate	– AWO Bundesverband e. V. (Träger) – BMFSFJ (im Rahmen des BP „Demokratie leben!") (Förderer) – Demokratie und Vielfalt in der Kindertagesbetreuung (DUVK) – Laufzeit: 09.2017–02.2019

Projektname	Ziel	Zielgruppe	Format	Förderquelle/Träger
Demokratie stärken. Vielfalt gestalten. selbstreflexive und vorurteilssensible Begegnungen in der Kindertagesbetreuung	demokratiefördernde, partizipative Ansätze im Arbeitsfeld der Kindertagesbetreuung verbreiten und nachhaltig sichern	– päd. Fachkräfte – Leitungen	– Konzeption eines Fortbildungscurriculums – Ausbildung von Multiplikatorinnen	– AWO Bundesverband e. V. (Träger) – BMFSFJ (im Rahmen des BP „Demokratie leben!") (Förderer) – Demokratie und Vielfalt in der Kindertagesbetreuung (DUVK) – Laufzeit: 2020–2024
Demokratie in Kinderschuhen. Mitbestimmung und Vielfalt in katholischen Kitas	Fachkräfte aus katholischen Kindertageseinrichtungen und ihre Träger darin stärken, Kindertageseinrichtungen als Orte der gleichwertigen Vielfalt, der demokratischen Beteiligung und des gesellschaftlichen Engagements weiterzuentwickeln	– päd. Fachkräfte – Träger – Fachberatungen	– Konzipierung von Fort- und Weiterbildungsmaterialien – Publikationen zu verschiedenen Themen – Befragungen von Fachkräften	– Deutscher Caritasverband (Träger) – Verband Kath. Tageseinrichtungen für Kinder (KTK) (Träger) – BMFSFJ (im Rahmen des BP „Demokratie leben!") (Förderer) – Laufzeit: 2017–2019; nächste Förderphase 2020–2024
Die Kinderstube der Demokratie – Partizipation von Kindern in Kindertageseinrichtungen	Modellprojekt: – Beteiligung und Partizipation in Kindertageseinrichtungen einbringen – Partizipation als Leitmotiv	Kitas	– Fortbildungen – Projektarbeit	– Ministerium für Soziales, Gesundheit, Familie, Jugend und Senioren des Landes Schleswig-Holstein (Förderer) – Ministerium für Umwelt, Natur und Forsten des Landes Schleswig-Holstein (Förderer) – KIWI e. V. – Kinder Umweltinitiativen (Träger) – Laufzeit: 2001–2003

Projektname	Ziel	Zielgruppe	Format	Förderquelle/Träger
Was heißt hier eigentlich Demokratie? Demokratieerziehung als originärer Auftrag der frühkindlichen Bildung	Vermittlung von demokratischen Handlungskompetenzen an Fach- und Leitungskräfte in evangelischen Kindertageseinrichtungen	– Fachberatungen – Leitungskräfte – päd. Fachkräfte	– Zusammenschluss von Fachberatungen in thematischen Arbeitsgruppen – Aus- und Fortbildungen für Multiplikatorinnen u. Multiplikatoren – Erfassung von Unterstützungsbedarfen – Entwicklung von Materialien, Workshops, Fort- und Weiterbildung	– Diakonie (Träger) – BMFSFJ (im Rahmen des BP „Demokratie leben!“) (Förderer) – Laufzeit: erste Förderphase 2017–2019; nächste Förderphase: 2020–2024
Demokratiebildung in evangelischen Kitas und Familienbildungseinrichtungen	Vermittlung von demokratischen Handlungskompetenzen an Fach- und Leitungskräfte in evangelischen Kindertageseinrichtungen	– Fachberaterinnen und -berater aus diakonischen Landes- und Fachverbänden sowie aus landeskirchlichen Strukturen – Leitungs- und Fachkräfte in evangelischen Einrichtungen – Erzieherinnen u. Erzieher in der Ausbildung – Familienbildnerinnen und -bildner	– Aus- und Fortbildungen für Multiplikatorinnen u. Multiplikatoren – Zusammenarbeit mit Fachschulen und anderen Ausbildungsinstituten – Zusammenarbeit mit Familienbildungsstätten	– Diakonie (Träger) – BMFSFJ (im Rahmen des BP „Demokratie leben!“) (Förderer) – Laufzeit: 2020–2024

Nicht nur in der Frühpädagogik wird Inklusion eine große Bedeutung beigemessen, sondern auch, das zeigt die vorliegende Bestandsaufnahme, in demokratietheoretischen Ansätzen. Theoretiker wie Benjamin Barber oder Robert Dahl verdeutlichen eindrücklich, dass Demokratie ohne Inklusion und Teilhabe nicht denkbar ist. Inklusion und Teilhabe sind wichtige Bestandteile von Demokratie (vgl. Kapitel 3.1 und 3.3).

Der Inklusionsbegriff wird, wie bereits in Kapitel 2.1 erläutert, je nach Kontext unterschiedlich verstanden, wobei sich diese Auffassungen teilweise überlappen. Unter Rückgriff auf Prengels Heterogenitätsbegriff (Prengel 2014, S. 23) werden in der Frühpädagogik im Kontext von Inklusion die individuellen Ausgangslagen von Kindern in Bezug auf Alter, Religion, Kultur, Gender, (Dis-) Ability, soziales Milieu usw. stärker in den Fokus gerückt (Prengel 2014). Die Berücksichtigung dieser individuellen Merkmale der Kinder kann die Identifizierung von Barrieren ermöglichen, „die der Teilhabe und Bildung im Wege stehen“ (Schelle/Friederich 2015, S. 69). Damit wird der weitläufigen Annahme, dass sich Inklusionsprozesse ausschließlich auf Menschen mit Behinderungen beziehen, ein erweitertes Verständnis entgegengestellt. Entsprechend wurden in der Recherche von Projekten und Initiativen zum Themenbereich Demokratiebildung auch Inklusion und Teilhabe berücksichtigt.

Die Projekte im Bereich Inklusion und Teilhabe sind thematisch breit gefächert. Entsprechend behandeln die hier vorgestellten Projekte auch unterschiedliche Aspekte, z. B.: Initiativen, die eine inklusive Pädagogik oder inklusive Strukturen in den Einrichtungen unterstützen; solche, die sich gezielt mit der Unterstützung geflüchteter Kinder und ihrer Familien befassen; Projekte, die sich für eine Sensibilisierung von Diskriminierungen und Vorurteilen einsetzen. Ebenso vielschichtig sind auch die Formate, die in den unterschiedlichen Projekten umgesetzt werden. Neben Teamfortbildungen (wie *„Eine Kita für alle – Vielfalt inklusive“*), die auch über E-Learning-Formate erfolgen (*„Refugeekids“*), werden auch Beratungen angeboten – durch Integrationsbegleiterinnen (*„Integrationsbegleiterinnen in Kitas“*) oder mithilfe von Informationsmaterialien.

Vergleichsweise viele der dargestellten Projekte vereinen unterschiedliche Formate in ihren Vorhaben. So werden z. B. im Projekt „Willkommens KITAS“ Beratungsangebote, Coachings für die Einrichtungen, Austauschmöglichkeiten im Netzwerk sowie Fortbildungen angeboten. Ähnliches beim Projekt „Interkulturelle Bildungslandschaft“, das sich an Kitas sowie an Migrantenselbstorganisationen richtet und eine Öffnung der beiden füreinander anstrebt; erreicht werden soll dies durch eine Internetplattform, Fachtagungen, „Speed-Datings“ zwischen Kitas und weiteren Akteuren sowie durch unterschiedliche Projekte mit den Akteuren (Kinder- und Elternzentrum „Kolibri“ e. V.). Manche Projekte adressieren eine Vielzahl an Akteuren, die im System Kita agieren – pädagogische Fachkräfte,

Leitungskräfte, Eltern, Kinder, Fachberatungen. Eine Ausnahme ist das Projekt „Lesen bringt uns weiter. Lesestart für Flüchtlingskinder“ der *Stiftung Lesen*, welches sich explizit an Erstaufnahmeeinrichtungen richtet und haupt- sowie ehrenamtliche Mitarbeiter unterstützen möchte – beispielsweise durch Qualifizierungsmaßnahmen, die Bereitstellung von Materialien sowie durch die Veranstaltung von Vernetzungstreffen.

Projektname	Ziel	Zielgruppe	Format	Förderquelle/Träger
Fort- und Weiterbildungen, Bereitstellung von Lehr-/Lernmaterialien				
Eine Kita für alle – Vielfalt inklusive	– Unterstützung auf dem Weg zur inklusiven Kita – Vermittlung inklusiver Handlungskompetenz	Kita	Teamfortbildungen	– Caritasverband für die Diözese Speyer e. V. (Träger) – Laufzeit: 2014–2016
Emil – Emotionen regulieren lernen	Erhöhung der Teilhabechancen von Kindern und Jugendlichen mithilfe der Regulierung von Emotionen	Kita	– Schulungsangebot – Lehrmaterial	– Stiftung Kinderland Baden-Württemberg (Förderer) – TransferZentrum für Neurowissenschaften und Lernen Ulm (Träger) – seit 2011
Refugeekids NRW	Förderung der Handlungskompetenz und Ermöglichung des emotionalen Lernens im Sinne einer Sensibilisierung für die Bedürfnisse von Kindern und Jugendlichen mit Fluchterfahrung	päd. Fachkräfte	Fort- und Weiterbildung pädagogischer Fachkräfte in NRW durch E-Learning-Angebot	– Klinik für Kinder- und Jugendpsychiatrie/Psychotherapie des Universitätsklinikums Ulm (Träger) – Ministerium für Arbeit, Gesundheit und Soziales des Landes Nordrhein-Westfalen (Förderer – Laufzeit: 2017–2019
Beratungsangebote, Informationsmaterialien				
Fair in der Kita	– Sensibilisierung der Fachkräfte für verschiedene Formen und Auswirkungen von Diskriminierung – Beförderung der Akzeptanz von Vielfalt sowie Teilhabe bei Kindern	päd. Fachkräfte	Broschüre	– Antidiskriminierungsbüro Sachsen (Träger) – Freistaat Sachsen (Förderer) – seit: 2006
Integrations-begleiterinnen in Kitas	Unterstützung und Begleitung von Kindern mit Flucht- oder Migrationserfahrung und deren Familien bei ihrem Integrationsprozess	– Kinder und ihre Eltern – päd. Fachkräfte	Integrationsbegleiterinnen als „Mittlerinnen", die Familien und päd. Fachkräfte unterstützen und entlasten	– AWO Ostwestfalen-Lippe e. V. (Träger) – Auridis gGmbH Stiftung (Förderer) – Land Nordrhein-Westfalen (Förderer) – Laufzeit: 2017–2019
Service-Portal Integration	Unterstützung pädagogischer Fach- und Lehrkräfte bei der Integration geflüchteter Kinder in Kita, Hort und Grundschule	Kita, Hort, Grundschule	– Bereitstellung von Praxiserfahrungsberichten , von Interviews mit Expertinnen u. Experten, Literaturhinweisen und Linksammlungen – Austauschmöglichkeiten	– Stiftung „Haus der kleinen Forscher" (Träger) – Bundesministerium für Bildung und Forschung (Förderer)

Projektname	Ziel	Zielgruppe	Format	Förderquelle/Träger
Kombination unterschiedlicher Formate				
Inklusion in Kindertagesstätten – eine Kita für alle	Begleitung der Kitas auf dem Weg zur inklusiven Pädagogik	– Kitas – Fachberatung	– fachliche Unterstützung – Erstellung von Schulungsmaterial – Beratung von Einrichtungen – Öffentlichkeitsarbeit	– Landeskompetenzen zur Sprachförderung an Kindertageseinrichtungen in Sachsen (Träger) – Thüringer Sozialakademie gGmbH (Träger) – Freistaat Sachsen (Förderer) – Laufzeit: 2017–2019
Interkulturelle Bildungslandschaft	Öffnung der Kitas und von Migrantenselbstorganisationen durch Initiierung eines gegenseitigen Kennenlernens und Fachaustausch zu den Möglichkeiten einer Zusammenarbeit	– Kitas – Migrantenselbstorganisationen	– Bereitstellung einer Internetplattform – Fachtagungen – „Speed-Datings" zwischen Kitas und Kulturmittlerinnen u. -mittler – Schulungen und Bildungsangebote – Projekte	– Kinder- und Elternzentrum „Kolibri" e. V. (Träger) – Freistaat Sachsen (Förderer) – Laufzeit: 2017–2019
Kivobe – Kindern vorurteilsbewusst begegnen	– Sensibilisierung für Vorurteile und Diskriminierungen – systematische Reflexion der päd. Handlungspraxis in Bezug auf Vorurteile und Diskriminierungen sowie hinsichtlich eigener Diskriminierungserfahrungen – Wertschätzung und Anerkennung jedes Kindes	Kitas	– Berufsbegleitende Qualifizierung, Beratung, Vernetzung – Coaching – Entwicklung eines Fortbildungscurriculums und einer Handreichung für die Praxis	– AWO Thüringen, AWO Oberbayern (Träger) – Aktion Deutschland (Förderer) – Bundesministerium für Arbeit und Soziales (Förderer) – Europäischer Sozialfond (Förderer) – Laufzeit: 2017–2019
Lesen bringt uns weiter. Lesestart für Flüchtlingskinder	Förderung sprachlicher Kompetenzen und der Lesemotivation von geflüchteten Kindern	Haupt- und ehrenamtliche Mitarbeiterinnen u. Mitarbeiter in Erstaufnahmeeinrichtungen	– Programm-Materialien – Seminare – Austausch- und Vernetzungstreffen	– Stiftung für Lesen (Träger) – Bundesministerium für Bildung und Forschung (BMBF) (Förderer) – Laufzeit: 2018–2021
Willkommens KITAs	Entwicklung der Kitas zu interkulturellen Orten, an denen Kinder aus asylsuchenden Familien willkommen sind und sich wohlfühlen	Kitas	– Beratung – Einrichtungscoaching – praxisnaher Austausch im Netzwerk – bedarfsorientierte Fortbildungen	– Deutsche Kinder- und Jugendstiftung (Träger) – Freistaat Sachsen (Förderer) – Auridis gGmbH (Förderer) – Laufzeit: 2018–2022

7 Fazit

Für das Funktionieren der Demokratie – das haben Steven Levitsky und Daniel Ziblatt in ihrer Bestandsaufnahme zum gegenwärtigen Zustand der Demokratie jüngst auf breiter empirischer Basis bestätigt – sind nicht nur ihre formalen Institutionen wichtig, sondern auch die sie tragenden Werte wie Toleranz, Pluralismus oder personale Autonomie (Levitsky/Ziblatt 2018, S. 118ff.). Diese seien aus demokratietheoretischer Sicht ebenso essenziell wie das aus Exekutive, Legislative und Judikative bestehende Institutionensystem. „Alle erfolgreichen Demokratien", konstatieren Levitsky und Ziblatt, „stützen sich auf informelle Regeln, die zwar nicht in der Verfassung festgeschrieben sind, aber weithin bekannt sind und beachtet werden" (Levitsky/Ziblatt 2018, S. 119).

Was für die Demokratie daher, im Umkehrschluss, zu einer existenziellen Bedrohung werden kann, ist nicht allein die Zerstörung, Aushöhlung oder Unterwanderung ihrer Formalinstitutionen, sondern auch die aktive wie passive Schwächung ihrer impliziten Regeln, Normen und Verfahren. Um Letzterem entgegenzutreten, ist es für ein demokratisches Gemeinwesen entscheidend, seine Mitglieder früh und nachhaltig mit dem demokratischen Wertesystem vertraut zu machen sowie Toleranz, Gemeinsinn und Vielfalt im Alltag zu verankern und erfahrbar zu machen. Auf den Punkt gebracht: Demokratien sind auf Wertebildung angewiesen und müssen ihre Angehörigen umfassend und früh mit den sie tragenden Werten vertraut machen (Olk/Roth 2010, S. 39).

Dies kann insbesondere über den Bildungsauftrag in allen öffentlich verantworteten Institutionen aktiv gestaltet werden, so z. B. in den Kitas. Hier können Kinder erstmals außerhalb der eigenen Familie Erfahrungen mit demokratischen Werten und Handlungsweisen sammeln, im Verhältnis untereinander und im Verhältnis zu Erwachsenen erleben, was gegenseitige Anerkennung bedeutet, und das gleichberechtigte Aushandeln von Kompromissen lernen.

Das Anliegen der vorliegenden Bestandsaufnahme war es deshalb, bedeutsame Begriffe zu klären, Bezugstheorien zusammenzutragen und eine erste Systematisierung praktischer Handlungskonzepte zu schaffen. Demzufolge wurden zunächst die zentralen Begrifflichkeiten frühkindlicher Demokratiebildung – Demokratie, Inklusion, Teilhabe und Partizipation – erörtert und definiert. Dabei wurde deutlich, dass der Begriff der Demokratie zunächst ein politisches Ordnungsarrangement bezeichnet, welches die Prinzipien der Selbstherrschaft, der Gleichheit, der Wahl- und Beteiligungsrechte in seinem Zentrum hat. Darüber hinaus zeigt die demokratietheoretische Forschung aber auch, dass die moderne Demokratie nicht nur eine Verfassungsform darstellt, sondern auch ein bestimmtes Wertesystem für sie essenziell ist, welches unter anderem auf Toleranz, Heterogenität, Gleichberechtigung und Ausgleich basiert. Aus diesem Grund betont auch die Forschung (Gloe/Oeftering 2017), dass Bildung – und insbesondere politische Bildung – von grundlegender Bedeutung für ein demokratisches Gemeinwesen ist und aktiv befördert werden muss.

Was in der Forschung dabei allerdings kaum berücksichtigt wird, ist die frühkindliche Demokratiebildung. Sie wird in der theoretischen Debatte um die strukturelle Verwobenheit von Demokratie und Bildung bisher häufig genauso vernachlässigt wie sie empirisch nicht umfassend überprüft wird. Derweil ist, wie der hier unternommene Blick in die politikwissenschaftlichen Auseinandersetzungen mit der Demokratie zeigen konnte, die Bedeutung von umfassender und langfristiger Demokratiebildung bereits in theoretischer Hinsicht eindeutig. Denn die zentralen Begriffe und Konzepte der modernen Demokratietheorie beziehen sich ausdrücklich auf alle „Orte" des demokratischen Zusammenlebens – und damit auch auf Kinder und den Kita-Bereich. Sicher heißt das nicht, dass in den demokratietheoretischen Grundlegungen so wichtiger Fachvertreter wie Benjamin Barber, Jürgen Habermas oder Robert A. Dahl Kinder als solche dann auch berücksichtigt werden. Doch das, was die Theoretiker jeweils als das zentrale Wesensmerkmal der Demokratie ausmachen, betrifft stets die demokratische Gesellschaft als Ganzes.

So betont Benjamin Barber, dass Partizipation – der Wesenskern seiner Demokratietheorie – gerade im Alltag gegeben sein muss. Nicht allein der formalpolitische Entscheidungsprozess muss für Barber beteiligungsoffen sein, sondern, das hebt er hervor, auch die Institutionen des Alltags. Bereits hier – oder genauer gesagt, insbesondere hier – sollen die Bürgerinnen und Bürger ihre Befähigung zur Partizipation erleben, ein Gefühl von Selbstwirksamkeit erlangen und diese Befähigung in ihrem Sozialleben weitertragen. So gesehen gilt für Kinder, dass sie sich, wenn sie in ihrem Alltag bereits an den sie betreffenden Angelegenheiten beteiligt werden, mit demokratischen Grundelementen wie Zusammenarbeit, Engagement und Selbstwirksamkeit vertraut machen.

Etwas schwerer zu fassen ist demgegenüber die Bedeutung der Habermas'schen Demokratietheorie für den Kita-Bereich. Zwar betont auch Habermas die Beteiligung der Bürgerinnen und Bürger am demokratischen Aushandlungsprozess, doch während es Barber mit seiner „Starken Demokratie" um eine breite Partizipation im gesellschaftlichen Alltag geht, fokussiert Habermas ihre Qualität. Nicht der Umfang der Partizipation, sondern das durch Partizipation entstandene politische Ergebnis samt dessen Qualität ist für Habermas und die deliberative Demokratietheorie entscheidend. Übertragen auf den Kita-Bereich bedeutet dies, dass die deliberative Demokratietheorie im politischen Prozess keinen Erprobungsort sieht, sondern einen Ort der Ergebnisproduktion. Und dies kann in der Form nicht umstandslos auf den Kita-Bereich übertragen werden. Was aber für ihn gilt, ist der Stellenwert des Aushandelns, Beratens und Konsensfindens unter der Beteiligung aller. Dies ist für die deliberative Demokratie eine Voraussetzung, die – unter angepassten Anforderungen – auch in der Kita gegeben sein muss.

Demgegenüber lässt sich Robert A. Dahls liberal-pluralistische Demokratietheorie wieder unmittelbar mit dem Kita-Bereich und der dortigen Demokratiebildung verbinden. Dahls Demokratietheorie umfasst nämlich mehrere Kategorien, die seiner Analyse nach in einem als demokratisch bezeichneten Ordnungsarrangement gegeben sein müssen. Dazu gehören gesicherte Wahl- und Repräsentationsmechanismen, reflektiertes Wissen, Meinungspluralismus und die Inklusion aller Bürgerinnen und Bürger. Auch für Dahl fußt die Demokratie daher im Wesentlichen auf dem Kriterium der Partizipation – die auf unterschiedliche Weise vorhanden sein muss, um aus einem normativen Anspruch für alle Mitglieder des demokratischen Systems, also auch für Kinder, eine erfahrbare Tatsache zu machen.

Aber noch ein weiterer Aspekt der Dahl´schen Theorie ist für die Demokratiebildung von Kindern von Bedeutung. Was nämlich Dahl kritisiert und in der Folge als undemokratisch zurückweist, ist die „Vormundschaft“ durch Politiker. Nicht allein qualifiziertes Sachwissen ist aus seiner Sicht für den demokratischen Prozess erforderlich, sondern vielmehr die Fähigkeit, sich einzubringen und aktiv mitzugestalten. In diesem Punkt lässt sich also „mit Dahl gegen Dahl“ (er betrachtet Kinder hinsichtlich ihrer Interessen als von den Eltern abhängig) schlussfolgern, dass die Befähigung zur Mitgestaltung eine wesentliche Voraussetzung für das Funktionieren einer Demokratie ist und im Sinne einer ganzheitlichen Demokratiebildung auch für Kinder gilt.

Dass Demokratie eine „Lebensform“ ist, die von Kindesbeinen an erlernt und praktiziert werden muss, ist in der modernen Demokratietheorie vor allem mit dem Namen John Dewey verbunden. Deweys pädagogisch-philosophischer Ansatz fokussiert nämlich, im Unterschied zu den politikwissenschaftlichen Theorien nicht nur die Institutionen und die institutionellen Rahmenbedingungen, in denen Partizipation ermöglicht wird. Für Dewey ist eine Demokratie nämlich dann verwirklicht, wenn sie das Sozialleben als solches prägt. Demokratie basiert für ihn im Wesentlichen auf Selbstwirksamkeitserfahrungen, weshalb sie auch nicht auf Erwachsene beschränkt sein kann, sondern bereits von Anfang an im menschlichen Zusammenleben verankert sein muss. Dewey konkretisiert in seiner Demokratietheorie daher auch ausdrücklich Kinder. Bereits ihnen muss die Möglichkeit gegeben sein, Demokratieerfahrungen zu machen. Andernfalls bliebe nicht nur den Kindern ein Erleben von Selbstwirksamkeit verwehrt, sondern auch die Demokratie würde Schaden nehmen.

Was in der vorliegenden Bestandsaufnahme deutlich wurde, ist nicht nur die sich aus dem politikwissenschaftlichen Diskurs ableitende Bedeutung demokratiepädagogischer Maßnahmen in der frühen Kindheit, sondern auch deren rechtliche Fixierung. Zentrales Handlungsinstrument des demokratischen Staates ist bekanntlich das Recht. Doch, wie seit Ernst-Wolfgang Böckenfördes Theorie des liberal-demokratischen Verfassungsstaates ebenfalls von der Forschung anerkannt wird, ist das Recht zur Implementierung demokratischer Grundprinzipien und Werte nicht unmittelbar geeignet. Denn rechtlich verordnete oder gar erzwungene Werte sind, so die Quintessenz des von Böckenförde initiierten staatstheoretischen Demokratiediskurses (Stein 2016), mit der liberalen Demokratie nicht kompatibel: Anerkennung, Kompromissbereitschaft und Meinungspluralismus können im demokratischen System qua definitionem nicht „von oben“ verordnet werden, sondern müssen sich stets „von unten“ entfalten. Für den demokratischen Verfassungsstaat bedeutet das dementsprechend, dass er die ihn tragenden Grundüberzeugungen und -verhaltensweisen auf anderem Wege ermöglichen muss, und zwar mittels eines im demokratischen Prozess nicht verhandelbaren Grundrechtekatalogs einerseits und rechtlich festgeschriebener Bildung andererseits.

Ausgangspunkt frühkindlicher Demokratiebildung in der Bundesrepublik ist aus rechtlicher Perspektive daher zunächst die „Allgemeine Erklärung der Menschenrechte“, da sie einen allgemeinen, jenseits des Nationalstaates liegenden Grundrechterahmen setzt. Jeder Mensch soll in Freiheit, Frieden und Sicherheit leben können und die Möglichkeit haben, seine Meinung einzubringen, sich zu beteiligen und zu bilden. Dies garantieren die allgemeinen Menschenrechte dahin gehend, dass sie als völkerrechtliche Norm die einzelnen Staaten der Erde dazu anhalten, diese Rechte zu achten, für ihre Umsetzung zu sorgen und gegen etwaige Menschenrechtsverletzungen vorzugehen.

Ebenfalls von zentraler Bedeutung für die Demokratiebildung in der frühen Kindheit sind im Anschluss an die allgemeinen Menschenrechte auf globaler Ebene die Kinderrechte. Sie bilden gleichfalls einen universalen Referenzrahmen für die Bildung von Kindern. Eine Ebene „niedriger“ setzen die europäischen Menschen- und Kinderrechtsabkommen an. Auch sie zielen auf die Gewährleistung unveräußerlicher Rechte und fordern sowohl von den Mitgliedstaaten des Europarats als auch von den Mitgliedern der Europäischen Union, dass für deren Anerkennung und Umsetzung gesorgt wird. Da beiden Abkommen – also der „Europäischen Menschenrechtskonvention“ wie der „Charta der Grundrechte der Europäischen Union“ – aber die direkte Rechtsgültigkeit fehlt, entfalten sie, wie die allgemeinen Menschenrechte, ihre Wirkung auf normativem Wege.

Folglich ist aus rein rechtlicher Perspektive die nationale Ebene für die Demokratiebildung von Kindern die entscheidende. In Deutschland regelt dementsprechend der Bund mithilfe des Kinder- und Jugendhilfegesetzes, dass Kinder in der Kindertagesbetreuung nicht nur betreut und erzogen werden sollen, sondern dass zum Förderauftrag auch ausdrücklich die werteorientierte Bildung gehört. Wie sich Letzteres konkret gestaltet, setzen – aufgrund der vom Grundgesetz vorgegebenen Bildungs- und Kulturhoheit der Länder – dann allerdings diese selbst um. Ausgehend von einem „Gemeinsamen Rahmen für die frühe Bildung in Kindertageseinrichtungen" verfügen sie über jeweils eigenständige Bildungspläne, in denen sie ihre konkreten bildungspolitischen Vorstellungen und Ideen bündeln.

Aber, wie die vorliegende Bestandsaufnahme aufzeigt, verfolgt der Gesetzgeber nicht nur in Bildungsfragen mit dem Kinder- und Jugendhilfegesetz eine klare Förderlinie; auch hinsichtlich der unmittelbaren Beteiligung von Kindern garantiert das Gesetz Kindern bestimmte Rechte. Sie seien in Abhängigkeit ihres jeweiligen Entwicklungsstandes in allen sie tangierenden Angelegenheiten einzubinden und müssten zudem stets die Möglichkeit haben, sich zu äußern und einzubringen.

Mit Blick auf den rechtlichen Rahmen demokratiepädagogischer Maßnahmen in der Kindertagesbetreuung lässt sich also festhalten, dass der nationale Rechtsrahmen zwar der entscheidende ist, dass es aber mit den allgemeinen Menschenrechten und der „UN-Kinderrechtskonvention" auf globaler Ebene sowie mit den europäischen Menschen- und Kinderrechtsabkommen auf europäischer Ebene weitere essenzielle rechtliche Rahmensetzungen gibt, die die Demokratiebildung in deutschen Kitas absichert. Denn im Hinblick auf das Verhältnis von Recht und Demokratie kann angenommen werden, dass Bildung und Partizipation erst dann zu effektiven demokratiestärkenden Faktoren avancieren, wenn sie auf allen Ebenen über eine rechtliche Verankerung verfügen.

Da demokratische Kompetenzen bei Kindern allerdings nicht allein durch direkte pädagogische Maßnahmen gefördert werden können, weil Kinder einen umfassenden Sozialisationsprozess durchlaufen müssen, hat die vorliegende Bestandsaufnahme auch die kulturelle Umwelt durchleuchtet, in der Kinder aufwachsen. Diese ist deshalb so bedeutsam, weil Kultur ein komplexes System darstellt und nicht nur auf sprachlichen oder visuellen Aussagesystemen basiert, sondern gleichfalls sozial vermittelte Symbole, Gefühle, Beziehungs- und Umgangsformen umfasst.

Kinder übernehmen als nachwachsende Generation mimetisch das gesamte bereits existierende Regelwerk sozialer und kultureller Codes. Allerdings wird bestehendes Handlungswissen nicht nur erlernt und übernommen, sondern parallel auch weiterentwickelt – mit dem Ergebnis, dass zum Prozess der Sozialisation Anpassung und Weiterentwicklung gleichermaßen gehören. In diesem Sinne übernehmen Kinder soziokulturelles Wissen nicht nur von älteren Generationen, sie entwickeln gleichfalls in der Interaktion mit Gleichaltrigen wichtige Sozialkompetenzen, die sie für das Leben in einer demokratisch verfassten Gesellschaft vorbereiten. Und auch die Entwicklung von Moral und Empathie setzt, wie aktuelle Forschungsergebnisse aufzeigen, unter diesen Umständen ein.

Bereits in der frühen Kindheit eignen sich Kinder nämlich ein Bild von einfachen moralischen Regeln, Werten und Normen an, um mit zunehmendem Alter, darauf aufbauend einen individuellen moralischen Handlungsleitfaden zu entwickeln. Insbesondere Letzteres hat dementsprechend zur Folge, dass gerade frühkindliche Institutionen für die Entwicklung von Normen, Werten und moralischen Überzeugungen von Kindern bedeutsam sind. Sie gelten als erste wertbildende pädagogische Instanzen und bieten Kindern früh außerhalb ihrer Familien einen Ort, an dem sie inter- und intragenerationell lernen. Für das In-Berührung-Kommen mit demokratischen Prinzipien und um diese zu verinnerlichen, ist die Kindertagesbetreuung daher auch aus sozialisationstheoretischer Sicht bedeutsam.

Was zusätzlich zu den konzeptionellen, politiktheoretischen, rechtlichen und sozialisationstheoretischen Grundlagen der Demokratiebildung von Kindern im Fokus dieser Bestandsaufnahme stand, waren schließlich die sie prägenden frühpädagogischen Ideen und praktischen Referenzen. Ausgangspunkt des immensen Bedeutungszuwachses, den frühpädagogische Theorien, Konzepte und Ansätze in den modernen Industrie- und Wissensgesellschaften erlangt haben, war das Aufweichen der Betreuungs-, Erziehungs- und Bildungsentität „Familie". Angeleitet und begleitet wurde diese Entwicklung wiederum von unterschiedlichen elementarpädagogischen und -didaktischen Überlegungen, die auf die Bedürfnisse des Kindes auf der einen und auf die Aufgaben der Bildungsinstitutionen auf der anderen Seite blickten.

Ein Werk, das sich hierbei als besonders wegweisend erweist, ist das Friedrich Fröbels. Mit „Die Menscherziehung" hat Fröbel 1826 nicht nur die erste umfassende Anthropologie der frühen Kindheit vorgelegt, sondern auch dieser Disziplin als solcher den Weg bereitet. Wesentlich für Fröbels erziehungstheoretische und -praktische Überlegungen ist der Gedanke, dass die frühkindliche Entwicklung eine entscheidende Prägephase darstellt und die Menschwerdung des Kindes nachhaltig beeinflusst. Daher sei es die Aufgabe der Erwachsenen, so Fröbels pädagogische Schlussfolgerung, für die Entwicklung des Kindes zu sorgen – und das nicht nur im Hinblick auf die Vermeidung von „Schlechtem"; vielmehr besteht für Fröbel das Ziel darin, Kindern mittels spielerischer Praktiken den Weg zum „Guten" zu ermöglichen. Denn gerade wenn Kindern die Möglichkeit zum Spiel gegeben wird, so Fröbel, ist die Chance, dass sich ein Kind zu einem engagierten und sozial verantwortlichen Menschen entwickelt, besonders ausgeprägt.

Ähnlich gewichtet auch knapp 100 Jahre später Maria Montessori, eine weitere klassische Denkerin und Wegbereiterin der Frühpädagogik, die Selbsttätigkeit des Kindes. Montessori erkennt wie Fröbel, dass Kinder bereits früh über Aufmerksamkeit, Konzentration und Lernbereitschaft verfügen und dass deren aktive Förderung die kindliche Entwicklung weiter stärken kann. Kommen Kinder nämlich in die Situation, sich und ihre Fähigkeiten selbst zu erfahren, stärkt das laut Montessori nicht nur ihre sinnlichen Wahrnehmungskapazitäten, sondern auch die geistig-intellektuellen Fähigkeiten. Dreh- und Angelpunkt der kindlichen Entwicklung ist in den Augen der Medizinerin Montessori dementsprechend das Kind selbst. Nur wenn es selbst aktiv ist und in den biologisch passenden Momenten selbst zu Erfahrungen kommt, werden jene Lern- und Verstehensprozesse durchlaufen, die aus Kindern weltgreifende Subjekte machen. Die Schlussfolgerung, die Montessori daraus zieht, lautet nun wiederum, dass Kinder eine Umgebung benötigen, die sie aktiviert und frei erproben lässt. Dementsprechend haben für Montessori Erwachsene primär die Aufgabe, Kindern in ihrer Entwicklung zu assistieren. Erstere sollen mit ihrer pädagogischen Arbeit einen Rahmen schaffen, der Kindern die Möglichkeit gibt, selbst mit der Welt zu interagieren, sie zu entdecken und zu erproben. In der Hervorhebung und Gewichtung der Selbsttätigkeit des Kindes liegt die Hinterlassenschaft Montessoris für die Frühpädagogik im Allgemeinen und die frühkindliche Demokratiebildung im Konkreten. Denn was bis heute den frühpädagogischen Diskurs anleitet, ist die Einsicht, dass nur wer selbst aktiv ist und sich der Welt zuwendet, sich bilden und einbringen kann.

Von dem Gedanken, dass Kindern die Chance gegeben sein muss, sich zu bilden, ist auch der französische Pädagoge Célestine Freinet überzeugt. Freinet konzipiert seine Pädagogik ursprünglich für die Schule, doch mittlerweile ist sein Ansatz, der die Individualität und Bedürfnisse von Kindern in demokratisch organisierten Bildungsinstitutionen in den Mittelpunkt stellt, auch im theoretischen Diskurs für die Kindertagesbetreuung etabliert. Kinder verfügen laut Freinet von Anfang an über autodidaktische und gestalterische Kompetenzen, die es unabhängig von deren sozialer Herkunft zu heben und zu fördern gilt. Freinet zielt mit seiner Pädagogik alles in allem aber nicht allein auf die Freilegung der Selbstbildungsfähigkeiten von Kindern; ihm geht es darüber hinaus auch darum, das Bedürfnis von Kindern, Teil einer Gemeinschaft zu sein, in den Blick zu nehmen. Abgesehen von dem Fokus auf die individuellen Kompetenzen und Fähigkeiten umfasst seine Pädagogik daher ebenso eine explizit soziale Dimension. Kinder sollen in Alltags- und Organisationsfragen mitbestimmen können und so Verantwortung für die Gruppe wie für die Institution erlernen. Sein pädagogischer Anspruch ist es demzufolge, Bildungseinrichtungen so zu gestalten, dass sie als Orte der lebendigen Demokratie und der Gemeinschaft Kindern wie Erwachsenen die Möglichkeit geben zu lernen und zu leben. Denn Bildung, so Freinet, kann nur gelingen, wenn sie an demokratischen Grundprinzipien wie der Anerkennung der Identität und Individualität jedes Kindes ausgerichtet ist und zugleich Meinungsfreiheit, Dialog und Partizipation garantiert.

Auch die „Reggio-Pädagogik“ sieht dies so und hebt in ihren vielgestaltigen theoretischen wie praktischen Arbeiten ebenfalls den Stellenwert hervor, den offene, partizipative und demokratische Strukturen für Bildung haben. Der maßgeblich von Loris Malaguzzi beeinflusste und vorangetriebene frühpädagogische

Ansatz, der als eine unmittelbare Reaktion auf den Faschismus in Europa verstanden werden kann, hat das Ziel, Bildung und Erziehung offen, vielfältig und integrativ zu gestalten. Kinder sollen, so die Maxime, nicht „von oben" geformt werden, weil sie selbst von Geburt an „aktive und kreative Gestalter ihrer eigenen Entwicklung und ihrer Beziehungen zur Umwelt" sind (Dreier 2006, S. 18). Drei zentrale Kinderrechte leitet die Reggio-Pädagogik aus dieser für sie zentralen Grundannahme ab: das Recht der Kinder auf Beteiligung an ihrer Entwicklung und ihren sozialen Beziehungen, das Recht zur Realisierung eigener Lernbedürfnisse und das Recht auf kreative Problemlösungsstrategien. Institutionelle Arrangements wie beispielsweise ein Kinderparlament sollen die Umsetzung dieser Rechte sicherstellen. Und auch hinsichtlich der Rolle von Erwachsenen beziehungsweise der pädagogischen Fachkräfte ist der Ansatz der Reggio-Pädagogik auf ein kooperatives Miteinander ausgerichtet. Denn die Fachkräfte der Kindertageseinrichtungen sollen die Kinder bei ihrer Entwicklung begleiten, ihnen zuhören und versuchen, ihre Sicht der Dinge zu verstehen. Insbesondere Letzteres, also das In-Erfahrung-Bringen der kindlichen Anliegen, Gedanken und Sichtweisen ist für den Reggio-Ansatz von besonderer Bedeutung. Es bildet den Fixpunkt der pädagogischen Arbeit, beschränkt sich aber nicht nur darauf, sondern macht daraus ein allgemeines Prinzip. Die Reggio-Pädagogik begreift Bildung und Erziehung von Kindern nämlich als eine auf Austausch und Gespräch basierende gemeinschaftliche Tätigkeit, weshalb Transparenz, Dialog und Kooperation auf allen Ebenen vorausgesetzt werden. Die Verantwortung für frühe Bildung sieht der Reggio-Ansatz demzufolge nicht nur in den Kindertageseinrichtungen, sondern auch bei der gesamten Gemeinde. Dazu sind konzeptionell vielfältige Formate zur Zusammenarbeit mit unterschiedlichen Akteuren und Netzwerken verankert.

Mit der Entstehung des Situationsansatzes in den 1970er-Jahren aus der Arbeitsgruppe Vorschulerziehung des *Deutschen Jugendinstituts* wird in Westdeutschland ein pädagogischer Ansatz entwickelt, der – entgegen dem damaligen Zeitgeist – das soziale Lernen von Kindern in den Mittelpunkt pädagogischer Bemühungen stellt. Zum Ausgangspunkt der Pädagogik in der frühen Kindheit werden hier die Lebenssituationen von Kindern und ihren Familien im gesellschaftlichen Kontext, die exemplarisch im Alltag, aber auch in Form von Projekten mit den Kindern und weiteren Akteuren des Sozialraumes bearbeitet werden. Bildung wird so aus Sicht des Situationsansatzes mit sinnstiftenden Fragen verknüpft und mit sinnhaften, von Kindern beeinflussbaren Situationen im Lebensalltag der Kita verbunden. Der Einbezug des Sozialraums wird dabei als wesentlich erachtet, denn der Situationsansatz versteht Pädagogik als eine gesellschaftliche Aufgabe, die nicht nur durch Orte der Kindertagesbetreuung, sondern gleichsam von weiteren Akteuren des Sozialraumes getragen werden muss. Der Situationsansatz verfolgt das Ziel, „dass sich alle Kinder – verschiedener sozialer und kultureller Herkunft sowie unterschiedlicher Entwicklungsvoraussetzungen – (…) Erfahrungen und Kompetenzen aneignen, mit denen sie in einer sich ständig wandelnden internationalisierten Welt autonom, solidarisch und sachkompetent handeln können" (Preissing 2010, S. 91). Zu wichtigen Bezugspunkten werden deshalb die Partizipation von Kindern sowie ein inklusives Bildungsverständnis, nach dem allen Kindern gleiche Rechte, aber jedem Kind in seiner Entwicklung Besonderheiten zugesprochen werden. Beide Prinzipien gelten dabei im Sinne einer Einheit von Inhalten und organisationaler Ordnung für alle in der Institution involvierten Akteure wie auch für die Institution an sich. Der Situationsansatz geht davon aus, dass Kinder nur dann die Erfahrungen einer an demokratischen Grundwerten orientierten pädagogischen Arbeit erlangen können, wenn auch alle weiteren Akteure (wie Fachkräfte und Eltern) dies in der Zusammenarbeit erleben und somit die Institution der Kindertagesbetreuung an sich an demokratischen Grundwerten orientiert ist.

Im Rahmen des im Jahr 2000 am *Institut für den Situationsansatz* durchgeführten Projektes „Kinderwelten" erfuhr der Situationsansatz eine weitere Ausdifferenzierung, die für den Gegenstand der vorliegenden Bestandsaufnahme von Relevanz ist. In Anschluss an den in den USA maßgeblich durch Louise Derman-Sparks entwickelten „Anti-Bias-Approach" (Ansatz gegen Einseitigkeit und Diskriminierung) wurde das Praxiskonzept der Vorurteilsbewussten Bildung und Erziehung (VBuE) entwickelt und disseminiert. Darin wird das Recht auf Bildung mit dem Recht auf Schutz vor Diskriminierung verknüpft (vgl. Wagner 2013) und für die pädagogische Praxis mit jungen Kindern und ihren Familien aufgeschlüsselt. Der Situationsansatz an sich sowie die VBuE im Speziellen zeigen mit ihrer Ausrichtung vielversprechende Anknüpfungspunkte für Überlegungen zum aktuellen Diskurs um Demokratiebildung.

Abschließend zeigen die aktuellen Recherchen zu Praxisprojekten, Initiativen und Netzwerken im Feld frühpädagogischer Institutionen eine Vielzahl – nahezu eine Unübersichtlichkeit – an Aktivitäten, die sich mit der Umsetzung von Vorhaben rund um Demokratiebildung befassen. Auffällig ist dabei, dass Bund, Länder und Kommunen mit initiierten Programmen und der finanziellen Förderung von Vorhaben zu wichtigen Akteuren der Weiterentwicklung dieses Themenfeldes geworden sind. Ohne die intensive Förderung von staatlicher Seite wären die Aktivitäten zur Demokratiebildung in der frühpädagogischen Landschaft vermutlich weniger agil. Aber auch Stiftungen und Netzwerke tragen zu einer vielfältigen Bearbeitung des Themas bei.

Bei der Sichtung und exemplarischen Darstellung zahlreicher Projekte in dieser Bestandsaufnahme war festzustellen, dass nicht immer nur dann Demokratie „drin ist", wenn dies der Projekttitel verdeutlicht. Auch zahlreiche Praxisprojekte und Initiativen, die sich vordringlich beispielsweise mit Inklusion, Teilhabe, kulturellem Austausch oder Prävention befassen, können Demokratiebildung als Leitziel mitverfolgen. Ziel der vorliegenden Aufbereitung von Praxisinitiativen war es demnach, sowohl die Vielfalt mit Blick auf die zugrunde liegenden Themen und Formate darzustellen und zu systematisieren als auch die unterschiedlichen beteiligten Akteure (Adressatinnen/Adressaten sowie Träger und Förderer) zu identifizieren.

Aus der thematischen Breite lassen sich inhaltlich vier Handlungskategorien herausarbeiten, die für das Thema Demokratiebildung relevant erscheinen: Prävention, interkultureller Austausch, Demokratie sowie Inklusion und Teilhabe. Die Praxisprojekte sprechen mit ihren Maßnahmen unterschiedliche Zielgruppen an, z. B. pädagogische Fachkräfte, Leitungen, Fachkräfte für die Fort- und Weiterbildung oder die Kinder direkt. Dementsprechend sind auch die Umsetzungsformate sehr unterschiedlich gewählt. So werden beispielsweise Fort- und Weiterbildungen konzipiert, Lehr-/Lernmaterialien bereitgestellt, die finanzielle Förderung von Projekten ermöglicht, Vernetzung angestoßen, praktische Konzepte für die pädagogische Arbeit entwickelt oder Beratungsangebote und Informationsmaterialien zur Verfügung gestellt. Einige Projekte und Initiativen kombinieren verschiedene Formate.

Die vorliegende Systematisierung von exemplarischen Praxisprojekten in dieser Bestandsaufnahme kann nur eine erste Sortierung und Sichtung der vielfältigen Initiativen anbieten – gleichsam wird der Mehrwert einer solchen Zusammenstellung deutlich. Es erscheint deshalb lohnenswert, eine umfassende Datenbank oder auch eine Forschungslandkarte für Projekte und Initiativen in der Praxis zu erstellen und fortlaufend zu aktualisieren. Dadurch könnte mehr Transparenz geschaffen, auch kleineren, vielversprechenden Projekten größere Aufmerksamkeit verschafft und der Informationsaustausch im Themenfeld forciert werden.

Weiter zeigt die Auseinandersetzung mit praktischen Aktivitäten im Feld und gleichzeitig mit dem Stand wissenschaftlicher Erkenntnisse dazu eine Lücke auf (vbw 2020): Es stehen sehr wenige Informationen dazu zur Verfügung, inwiefern Umsetzungsprozesse in der Praxis tatsächlich dem Anspruch, Demokratie zu bilden, gerecht werden können. Eine umfassende inhaltliche Analyse der hier zusammengestellten Initiativen, Konzepte und Projekte in diesem Zusammenhang steht aus und erscheint ertragreich. Hierzu bedarf es weiterer empirischer Studien.

Literatur

Abs, Hermann Josef (2005): Assesment of Democratic School Culture – Different Quality Frameworks for EDC in School. Vortrag bei dem EU-working-program; Education and Training 2010 German Federal Ministry of Education and Research Conference on „Quality of education for citizenship". Berlin, 22./23. September 2005 (unveröffentlichte Ausgabe).

Ahnert, Lieselotte (Hrsg.) (2008): Frühe Bindung. Entstehung und Entwicklung. München: Ernst Reinhardt.

Ahnert, Lieselotte/Haßelbeck, Hendrik (2014): Entwicklung und Kultur. In: Ahnert, Lieselotte (Hrsg.): Theorien in der Entwicklungspsychologie, S. 26–59. Berlin: Springer VS.

Allport, Gordon (1954): The Nature of Prejudice. Cambridge.

Andresen, Sabine (2018): Rechtspopulistische Narrative über Kindheit, Familie und Erziehung. In: Zeitschrift für Pädagogik, 64. Jg., H. 6, S. 768–787.

Arbeitsgemeinschaft für Kinder- und Jugendhilfe (AGJ) (2018): Partizipation im Kontext von Kinder- und Jugendarbeit. Voraussetzungen, Ebenen, Spannungsfelder. Positionspapier der Arbeitsgemeinschaft für Kinder- und Jugendhilfe. Arbeitsgemeinschaft für Kinder- und Jugendhilfe. Berlin.

Aßmann, Alex (2016): Erziehung als Interaktion. Theoriegrundlagen zur Komplexität pädagogischer Prozesse. Weinheim und Basel: Beltz Juventa.

Baader, Meike/Eßer, Florian/Schröer, Wolfgang (Hrsg.) (2014): Kindheiten in der Moderne. Eine Geschichte der Sorge. Frankfurt: Campus.

Barber, Benjamin (1994): Starke Demokratie. Über die Teilhabe am Politischen. Hamburg: Rotbuch.

Barber, Benjamin R. (2003): Strong Democracy. Participatory Politics for a New Age. 20th Anniversary Edition with a New Preface. Berkeley/Los Angeles/London: University of California Press.

Barlow, Fiona Kate/Paolini, Stefania/Pedersen, Anne/Hornsey, Matthew J./Radke, Helena R. M./Harwood, Jake/Rubin, Mark/Sibley, Chris G. (2012): Negative Contact Predicts Increased Prejudice More than Positive Contact Predicts Reduced Prejudice. Personality and Social Psychology Bulletin. (38), H. 12, S. 1629–1643.

Bayerisches Staatsministerium für Arbeit und Sozialordnung, Familie und Frauen (2016): Der Bayerische Bildungs- und Erziehungsplan für Kinder in Tageseinrichtungen bis zur Einschulung.

Becker-Stoll, Fabienne/Reichert-Garschhammer, Eva/Kieferle, Christa/Wertfein, Monika (2015): Inklusion und Partizipation – Vielfalt als Chance und Anspruch. Göttingen: Vandenhoeck & Ruprecht.

Beinzger, Dagmar/Diehm, Isabell (2007): Politische Bildung in Kindergarten und Vorschule. In: Dagmar Richter (Hrsg.): Politische Bildung von Anfang an. Demokratie-Lernen in der Grundschule. Frankfurt am Main: Wochenschau Verlag, S. 89–102.

Benner, Dietrich (2001): Allgemeine Pädagogik. Weinheim und Basel: Beltz Juventa.

Benner, Dietrich (2004): Bildung. In: Benner, Dietrich/Oelkers, Jürgen (Hrsg.): Historisches Wörterbuch der Pädagogik. Weinheim und Basel: Beltz Juventa, S. 174–216.

Berger, Manfred (2016): Geschichte des Kindergartens: Von den ersten vorschulischen Einrichtungen des 18. Jahrhunderts bis zur Kindertagesstätte im 21. Jahrhundert. Frankfurt am Main: Brandes & Apsel.

Bettmer, Franz (2008): Partizipation. In: Coelen, Thomas/Otto, Hans-Uwe (Hrsg.): Grundbegriffe Ganztagsbildung. Das Handbuch. Wiesbaden: VS Verlag für Sozialwissenschaften, S. 213–221.

Beutel, Wolfgang/Fauser, Peter (Hrsg.) (2006): Demokratiepädagogik. Lernen für die Zivilgesellschaft. Frankfurt am Main: Wochenschau Verlag. Online verfügbar unter http://www.socialnet.de/rezensionen/isbn.php?isbn=978-3-89974-227-5 (zuletzt geprüft am: 30.12.2020).

Beutel, Wolfgang/Hoffsommer, Jens (2012): Kinder entscheiden mit. Demokratie und Partizipation in Kindergarten und Grundschule. In: Košinár, Julia/Leineweber, Sabine/Hegemann-Fonger, Heike/Carle, Ursula (Hrsg.): Vielfalt und Anerkennung. Internationale Perspektiven auf die Entwicklung von Grundschule und Kindergarten. Baltmannsweiler: Schneider Hohengehren, S. 80–92.

Bilgi, Oktay (2019): Betreuung. Notizen zu einem scheinbar vergessenen Begriff. In: Dietrich, Cornelie/Stenger, Ursula/Stieve, Claus (Hrsg.): Theoretische Zugänge zur Pädagogik der frühen Kindheit. Weinheim und Basel: Beltz Juventa, S. 465–474.

Binder, Jens/Zagefka, Hanna/Brown, Rupert/Funke, Friedrich/Kessler, Thomas/Mummendey, Amelie/Maquil, Annemie/Demoulin, Stephanie/Leyens, Jacques-Philippe (2009): Does Contact Reduce Prejudice or Does Prejudice Reduce Contact? A Longitudinal Test of the Contact Hypothesis among Majority and Minority Groups in Three European Countries. In: Journal of Personality and Social Psychology, 96. Jg., H. 4, S. 843–856.

Blöcker, Yvonne/Melchert, Johannes (2014): Zum Verhältnis von Kindern und Politikwissenschaft. In: Blöcker, Yvonne/Hölscher, Nina (Hrsg.): Kinder und Demokratie. Zwischen Theorie und Praxis. Frankfurt am Main: Wochenschau Verlag, S. S. 35–44.

Bobbio, Norbert (1998): Das Zeitalter der Menschenrechte. Ist Toleranz durchsetzbar? Berlin: Wagenbach.

Böckenförde, Ernst-Wolfgang (2007): Der säkularisierte Staat: Sein Charakter, seine Rechtfertigung und seine Probleme im 21. Jahrhundert. München: Carl Friedrich von Siemens Stiftung.

Brezinka, Wolfgang (1990): Grundbegriffe der Erziehungswissenschaft. München und Basel: Ernst Reinhardt.

Bronfenbrenner, Urie (1981): Die Ökologie der menschlichen Entwicklung. Natürliche und geplante Experimente. Stuttgart: Klett-Cotta.

Brumlik, Micha (2018): Demokratie und Bildung. Berlin: Neofelis.

Buchstein, Hubertus (2004): Politikunterricht als Wirklichkeitsunterricht. Zum Nutzen der Politikwissenschaft für die politische Bildung. In: Breit, Gotthard/Schiele, Siegfried (Hrsg.): Demokratie braucht politische Bildung. Bonn: Wochenschau Verlag, S. 47–62.

Bundesjugendkuratorium (2017): Aktionsplan zur Verhütung des gewalttätigen Extremismus. http://www.un.org/depts/german/gv-sonst/a70-674.pdf (letzter Zugriff: 28.12.2020).

Bundesausschuss Politische Bildung e. V. (Hrsg.) (2018): Forderung des Deutschen Bundestags nach Einrichtung eines Antisemitismus - Beauftragten der Bundesregierung. Einschätzungen durch das Bap-Vorstandsmitglied Dr. Klaus Holz im Interview. Wuppertal/Berlin. Online verfügbar unter-http://www.bap-politischebildung.de/bap-vorstandsmitglied-dr-klaus-holz-kommentiert-mit-skepsis-die-berufung-eines-beauftragten-der-bundesregierung-gegen-antisemitismus/#more-6113 (letzter Zugriff: 28.12.2020).

Bundesministerium des Innern, für Bau und Heimat (BMI) (2019): Verfassungsschutzbericht 2018. Berlin. Online verfügbar unter: https://www.verfassungsschutz.de/download/vsbericht-2018.pdf (letzter Zugriff: 28.12.2020).

Bundesministerium für Bildung und Forschung (Hrsg.) (2019): Wettbewerb „Demokratisch Handeln". Online verfügbar unter: https://www.bmbf.de/de/wettbewerb-demokratisch-handeln-891.html (letzter Zugriff: 28.12.2020).

Bundesministerium für Familie, Senioren, Frauen und Jugend (BMFSFJ)/Bundesministerium des Inneren, für Bau und Heimat (BMI) (2016): Strategie der Bundesregierung zur Extremismusprävention und Demokratieförderung. Berlin. Online verfügbar: https://www.bmfsfj.de/blob/109002/5278d578ff8c59a19d4bef9fe4c034d8/strategie-der-bundesregierung-zur-extremismuspraevention-und-demokratiefoerderung-data.pdf (zuletzt geprüft am 26.01.2021).

Bundeszentrale für politische Bildung (2019): Zusammenhalt durch Teilhabe. Programm für bürgerschaftliches Engagement und demokratisches Handeln. Hintergründe des Programms. Online verfügbar unter: https://www.zusammenhalt-durch-teilhabe.de/ueberuns/141916/ueber-uns (letzter Zugriff: 28.12.2020).

Cheneval, Francis (2015): Demokratietheorien zur Einführung. Hamburg: Junius.

Cloos, Peter/Becker-Stoll, Fabienne (2015): Inklusion und Frühpädagogik. Inhaltliche Einführung. In: Nentwig-Gesemann, Iris/Fröhlich-Gildhoff, Klaus/Becker-Stoll, Fabienne/Cloos, Peter (Hrsg.): Forschung in der Frühpädagogik VIII. Schwerpunkt: Inklusion. Materialien zur Frühpädagogik. Band 18. Freiburg i. Breisgau: Verlag Forschung – Entwicklung – Lehre, S. 11–22.

Coelen, Thomas W. (2010): Partizipation und Demokratiebildung in pädagogischen Institutionen. In: Zeitschrift für Pädagogik (1), S. 37–52.

Crouch, Colin (2008a): Postdemokratie. In: Neue Gesellschaft. Frankfurter Hefte, H. 4, S. 4–7.

Crouch, Colin (2008b): Postdemokratie. Frankfurt am Main: Suhrkamp.

Dahl, Robert Alan (1989): Democracy and its Critics. New Haven.

Dahl, Robert A. (2000): On Democracy. New Haven.

Dahl, Robert A. (2006): Politische Gleichheit – ein Ideal? Hamburg: Hamburger Edition.

Daly, Aoife/Ruxton, Sandy/Schuurman, Mieke (2016): Challenges to Children´s Rights Today: What do Children Think? A Desktop Study on Children´s Views and Priorities to Inform the Next Council of Europe Strategy for the Rights of the Child. Council of Europe.

Decker, Frank (2012): Welche Art der direkten Demokratie brauchen wir? In: Mörschel, Tobias/Krell, Christian (Hrsg.): Demokratie in Deutschland. Zustand, Herausforderungen, Perspektiven. Wiesbaden: Springer VS, S. 175–198.

Dederer, Hans-Georg (2019): Kinderrechte auf internationaler und supranationaler Ebene. Bestandsaufnahme und Ausblick. In: Uhle, Arnd (Hrsg.): Kinder im Recht. Kinderrechte im Spiegel der Kindesentwicklung. Berlin: Duncker & Humblot, S. 287–326.

Deth, Jan W. van (2010): Kinder und Demokratie. Eine unterschätzte Beziehung. In: Lange, Dirk/Himmelmann, Gerhard (Hrsg.): Demokratiedidaktik. Impulse für die Politische Bildung. Bürgerbewusstsein, 4. Wiesbaden: VS Verlag für Sozialwissenschaften, S. 55–69.

Deth, Jan W., van (2014): Das schwierige Verhältnis zwischen Partizipation und Demokratie. In: Pohl, Kerstin/Massing, Peter (Hrsg.): Mehr Partizipation – mehr Demokratie? Eine Einführung. Frankfurt am Main: Wochenschau Verlag, S. 11–26.

Detjen, Joachim (2002): Die gesellschaftliche Infrastruktur der Demokratie kennen und sich gesellschaftlich beteiligen. Gesellschaftslernen im Rahmen des Demokratie-Lernens. Zum Begriff des Gesellschaftslernens. In: Breit, Gotthard/Schiele, Siegfried (Hrsg.): Demokratie-Lernen als Aufgabe der politischen Bildung. Frankfurt am Main: Wochenschau Verlag, S. 72–94.

Derman-Sparks, Louise (2013): Anti-Bias Education for Everyone – vorurteilsbewusste Bildung und Erziehung für alle. In: Wagner, Petra (Hrsg.): Handbuch Inklusion. Freiburg im Breisgau und Basel: Herder, S. 272–294.

Deutsche Gesellschaft für Demokratiepädagogik e. V. (2018): ABC der Demokratiepädagogik. Initiativen, Konzepte, Programme und Aktivitäten. Berlin/Jena. Förderverein Demokratisch Handeln e.V. online verfügbar unter: https://www.degede.de/wp-content/uploads/2018/11/degede-abc-der-demokratiepaedagogik.pdf (zuletzt geprüft am 02.02.2021)

Deutsche Kinder- und Jugendstiftung (Hrsg.) (2010): Demokratie von Anfang an. Arbeitsmaterialien für die Kitapraxis. Autorinnen und Autoren: Hoffsommer, Jens/Hohn, Anette/Larraß, Susann/ Schreiber, Anja/Schmidt, Annekathrin. Berlin.

Deutsches Institut für Menschenrechte/Deutsches Jugendinstitut e. V. /MenschenRechtsZentrum an der Universität Potsdam/Rochow-Museum/Akademie für bildungsgeschichtliche und zeitdiagnostische Forschung e. V. an der Universität Potsdam (Hrsg.) (2017): Reckahner Reflexionen. Zur Ethik pädagogischer Beziehungen. Online verfügbar unter: https://www.institut-fuer-menschenrechte.de/fileadmin/Redaktion/Publikationen/Weitere_Publikationen/Broschuere_Reckahner_Reflexionen.pdf (zuletzt geprüft am: 02.02.2021).

Dewey, John (1915): The School and Society. Chicago.

Dewey, John (1996): Die Öffentlichkeit und ihre Probleme. Bodenheim: Philo Verlagsgesellschaft.

Dewey, John (2000): Demokratie und Erziehung. Eine Einleitung in die philosophische Pädagogik. Weinheim und Basel: Beltz Juventa.

Dietrich, Cornelie/Stenger, Ursula/Stieve, Claus (Hrsg.) (2019): Theoretische Zugänge zur Pädagogik der frühen Kindheit. Weinheim und Basel: Beltz Juventa.

Dietrich Cornelie (2019): Begriffliche Zugänge. Einführung. In: Dietrich, Cornelie/Stenger, Ursula/Stieve, Claus (Hrsg.): Theoretische Zugänge zur Pädagogik der frühen Kindheit. Weinheim und Basel: Beltz Juventa, S. 399–401.

Dreier, Anette (2006): Was tut der Wind, wenn er nicht weht? Begegnungen mit der Kleinkindpädagogik in Reggio Emilia. Weinheim und Basel: Beltz.

Drieschner, Elmar (2018): Neuere frühpädagogische Ansätze. In: Schmidt, Thilo/Smidt, Wilfried (Hrsg.): Handbuch empirische Forschung in der Pädagogik der frühen Kindheit. Münster: Waxmann, S. 141–156.

Edelstein, Wolfgang/Fauser, Peter (2001): Demokratie lernen und leben. Gutachten zum Programm. Materialien zur Bildungsplanung und zur Forschungsförderung. Bund-Länder-Kommission für Bildungsplanung und Forschungsförderung. Bonn. Online unter: https://www.pedocs.de/volltexte/2008/239/pdf/heft96.pdf (zuletzt geprüft am 29.12.2020).

Fauser, Peter (2007): Demokratiepädagogik und politische Bildung. Ein Diskussionsbeitrag. In: Beutel, Wolfgang/Fauser, Peter (Hrsg.): Demokratiepädagogik. Lernen für die Zivilgesellschaft. Frankfurt am Main: Wochenschau Verlag, S. 16–41.

Franke-Meyer, Diana/Reyer, Jürgen (2015): Klassiker der Pädagogik der frühen Kindheit. Ideengeber und Vorläufer des Kindergartens. Weinheim und Basel: Beltz Juventa.

Freie und Hansestadt Hamburg (2012): Hamburger Bildungsempfehlungen für die Bildung und Erziehung von Kindern in Tageseinrichtungen.

Fröbel, Friedrich (1826): Die Menschenerziehung. Erster Band. Bis zum begonnenen Knabenalter. Leipzig. Verlag der allgemeinen deutschen Erziehungsanstalt. Faksimile-Nachdruck. Bad Liebenstein. 2013. Online verfügbar unter: http://www.froebelweb.de/images/pdf/ME_www.pdf (zuletzt geprüft am 19.01.2021).

Frost Ursula (2019): Bildung, ein Anspruch an die Pädagogik der frühen Kindheit? In: Schäfer, Gerd/Dreyer, Rahel/Kleinow, Matthias/Erber-Schropp, Julia (Hrsg.): Bildung in der frühen Kindheit. Wiesbaden: Springer VS, S. 33–44.

Geißel, Brigitte (2012): Politische (Un-)Gleichheit und die Versprechen der Demokratie. In: Aus Politik und Zeitgeschichte, 62. Jg., H. 38–39, S. 32–37.

Generalversammlung der Vereinten Nationen (2015): Aktionsplan zur Verhütung des gewalttätigen Extremismus. Bericht des Generalsekretärs. Vereinte Nationen.
Glinka, Hans-Jürgen/Neuberger, Christa/Schorn, Brigitte/Stange, Waldemar/Tiemann, Dieter u. a. (1999): Kulturelle und politische Partizipation von Kindern. Interessenvertretung und Kulturarbeit für und durch Kinder. München: Deutsches Jugendinstitut.
Gloe, Markus (2017): Benjamin Barber (1939–2017). Barbers Starke Demokratie – Konsequenzen für die politische Bildung? In: Gloe, Markus/Oeftering, Tonio (Hrsg.): Politische Bildung meets Politische Theorie. Baden-Baden: Nomos, S. 261–284.
Gloe, Markus/Oeftering, Tonio (Hrsg.) (2017): Politische Bildung meets Politische Theorie. Baden-Baden: Nomos.
GPJE (Hrsg.) (2002): Politische Bildung als Wissenschaft. Schriftenreihe der Gesellschaft für Politikdidaktik und politische Jugend- und Erwachsenenbildung. Schwalbach/Ts.: Wochenschau Verlag.
Grell, Frithjof (2018): Klassische frühpädagogische Ansätze. In: Schmidt, Thilo/Smidt, Wilfried (Hrsg.): Handbuch Empirische Forschung in der Pädagogik der frühen Kindheit. S. 121–140. Münster: Waxmann, S. 121–140.
Greuel, Frank/Langner, Joachim/Leistner, Alexander/Roscher, Tobias/Schau, Katja/Steil, Armin u. a.: Erster Bericht: Modellprojekte. Programmevaluation „Demokratie leben!“. Wissenschaftliche Begleitung der Modellprojekte zu GMF, Demokratiestärkung und Radikalisierungsprävention. Zwischenbericht für den Zeitraum 01.01.2015 bis 31.12.2015. Deutsches Jugendinstitut e. V. /Bundesministerium für Familie, Senioren, Frauen und Jugend (Hrsg.). Online unter: https://www.demokratie-leben.de/fileadmin/Demokratie-Leben/Downloads_Dokumente/Berichte_der_WB__Foerderperiode_2015_-2019_/Programmbereich_Modellprojekte_D_-_J/Erster_Zwischenbericht_MP_2015__2_.pdf (zuletzt geprüft am 26.01.2021).
Greven, Michael Th. (2009): Die politische Gesellschaft. Kontingenz und Dezision als Probleme des Regierens und der Demokratie. Studien zur politischen Gesellschaft, 2. Wiesbaden: Verlag für Sozialwissenschaften. Online verfügbar unter
https://www.springer.com/de/book/9783531160610 (zuletzt geprüft am 26.01.2021).
Grimm, Dieter (2016): Europa ja – aber welches? Zur Verfassung der europäischen Demokratie. München: C.H. Beck.
Grossmann, Karin/Grossmann, Klaus E. (2017): Bindung. Das Gefüge psychischer Sicherheit. Stuttgart: Klett-Cotta.
Gudjons, Herbert (2012): Pädagogisches Grundwissen: Überblick – Kompendium – Studienbuch. Bad Heilbrunn: Klinkhardt.
Haberkorn, Rita (2009): Der Situationsansatz ist eine Einladung, sich mit Kindern auf das Leben einzulassen. In: Sanders, Karin/Bock, Michael (Hrsg.): Kundenorientierung – Partizipation – Respekt. Wiesbaden: VS Verlag für Sozialwissenschaften.
Habermas, Jürgen/Friedeburg, Ludwig von/Oehler, Christoph/Weltz, Friedrich (1961): Student und Politik. Eine soziologische Untersuchung zum politischen Bewußtsein Frankfurter Studenten. Neuwied: Luchterhand.
Habermas, Jürgen (1983): Moralbewußtsein und kommunikatives Handeln. Frankfurt am Main: Suhrkamp.
Habermas, Jürgen (1985): Theorie des kommunikativen Handelns. Band 1. Handlungsrationalität und gesellschaftliche Rationalisierung. Frankfurt am Main: Suhrkamp.
Habermas, Jürgen (1992): Faktizität und Geltung. Beiträge zur Diskurstheorie des Rechts und des demokratischen Rechtsstaats. Frankfurt am Main: Suhrkamp.
Hafeneger, Benno (2019): Begriffsvielfalt, Entgrenzung, Aufmerksamkeitskultur. Kommentare zur neuen Unübersichtlichkeit auf dem Arbeitsfeld der politischen Bildung. In: Journal für Politische Bildung 9 (2), S. 10–15.
Hartwich, Hans-Hermann (2006): Sozialwissenschaften und politische Bildung 1966–2006 im Spiegel der Zeitschrift Gegenwartskunde/Gesellschaft – Wirtschaft – Politik. In: GWP, 55. Jg., S. 119–134.
Hengst, Heinz (2013): Kindheit im 21. Jahrhundert. Differenzielle Zeitgenossenschaft. Weinheim und Basel: Beltz Juventa.
Henneberg, Rosy/Klein, Lothar/Vogt, Herbert (2010): Freinet-Pädagogik. In: Kasüschke, Dagmar (Hrsg.): Didaktik in der Pädagogik der frühen Kindheit. Kronach: Carl Link.
Hessisches Ministerium für Soziales und Integration (2016): Bildung von Anfang an Bildungs- und Erziehungsplan für Kinder von 0 bis 10 Jahren in Hessen.
Himmelmann, Gerhard (2001): Demokratie Lernen als Lebens-, Gesellschafts- und Herrschaftsform. Ein Lehr- und Studienbuch. Schwalbach/Ts.: Wochenschau Verlag.
Himmelmann, Gerhard (2002): Demokratie Lernen als Lebens-, Gesellschafts- und Herrschaftsform. In: Breit, Gotthard/Schiele, Siegfried (Hrsg.): Demokratie Lernen als Aufgabe der politischen Bildung. Schwalbach/Ts.: Wochenschau Verlag, S. 21–39.

Himmelmann, Gerhard (2010): Brückenschlag zwischen Demokratiepädagogik, Demokratie-Lernen und Politischer Bildung. In: Lange, Dirk/Himmelmann, Gerhard (Hrsg.): Demokratiedidaktik. Impulse für die Politische Bildung. Bürgerbewusstsein, 4. Wiesbaden: VS Verlag für Sozialwissenschaften, S. 19–30.

Höhme-Serke, Evelyne/Beyersdorff, Sabine (2011): Mit Kindern Demokratie leben. Aachen: Shaker.

Höhme-Serke, Evelyne/Priebe, Michael/Wenzel, Sascha (Hrsg.) (2012): Mit Kindern Demokratie leben. Handbuch zur Projektentwicklung und Evaluation. Aachen: Shaker.

Hoffmann, Stefan-Ludwig (2010): Moralpolitik. Geschichte der Menschenrechte im 20. Jahrhundert. Göttingen: Wallstein.

Holthaus, Leonie/Noetzel, Thomas (2012): Demokratischer Pluralismus versus despotische Herrschaft. Zur Theorie liberaler Rechtsstaatlichkeit. In: Lembcke, Oliver W./Ritzi, Claudia/Schaal, Gary S. (Hrsg.): Zeitgenössische Demokratietheorie. Band 1: Normative Demokratietheorien. Wiesbaden: VS Verlag für Sozialwissenschaften, S. 33.

Honneth, Axel (2012): Erziehung und demokratische Öffentlichkeit. Ein vernachlässigtes Kapitel der politischen Philosophie. In: Zeitschrift für Erziehungswissenschaft, 15. Jg., H. 3, S. 429–442.

Hopf, Christel/Nunner-Winkler, Gertud (2007): Frühe Bindungen und moralische Entwicklung. Aktuelle Befunde zu psychischen und sozialen Bedingungen moralischer Eigenständigkeit. Weinheim und Basel: Beltz Juventa.

Huber, Mathias (2019): Learning Morality? Über die Notwendigkeit (der Vermittlung) von Normen und Werten im Kontext globaler Transformationen. In: Clemens, Iris/Horn, Sabine/Rieckmann, Marco (Hrsg.): Bildung und Erziehung im Kontext globaler Transformation. Opladen: Budrich.

Humboldt, Wilhelm von (2010): Theorie der Bildung des Menschen. In: Humboldt, Wilhelm von: Werke in fünf Bänden. Band I: Schriften zur Anthropologie und Geschichte. Studienausgabe. Hrsg. v. Flitner, Andreas/Giel, Klaus. Darmstadt: Wissenschaftliche Buchgesellschaft, S. 234–240.

Hurrelmann, Klaus/Ulich, Dieter (Hrsg.) (1980): Handbuch Sozialisationsforschung. Weinheim und Basel: Beltz.

Hurrelmann, Klaus/Bründel, Heidemarie (2003): Einführung in die Kindheitsforschung. Weinheim und Basel: Beltz Juventa.

Ittel, Angela/Raufelder, Diana/Scheithauer, Herbert (2014): Soziale Lerntheorien. In: Ahnert, Liselotte (Hrsg.): Theorien in der Entwicklungspsychologie. Heidelberg: Springer VS.

Jank, Werner/Meyer, Hilbert (1991): Didaktische Modelle. Frankfurt am Main: Cornelsen Scriptor.

Jasmund, Christina (2018): Erziehung in der Kita. Alltagskultur als pädagogisches Handlungsfeld. Weinheim und Basel: Beltz Juventa.

Jergus, Kerstin (2017): Autorisierungen des pädagogischen Selbst – Einleitung. In: Jergus, Kerstin/Thompson, Christiane (Hrsg.): Autorisierungen des pädagogischen Selbst. Studien zur Adressierungen der Bildungskindheit. Wiesbaden: Springer VS, S. 1–48.

Jergus, Kerstin/Thompson, Christiane (2017): Autorisierungen des pädagogischen Selbst. Studien zur Adressierungen der Bildungskindheit. Wiesbaden: Springer VS.

Jesse, Eckhard (2015): Extremismus. In: Nohlen, Dieter/Grotz, Florian (Hrsg.): Kleines Lexikon der Politik. München: C. H. Beck, S. 176–178.

Jörg, Hans (1999): Meine Begegnungen mit Freinet und der Freinet-Pädagogik. In: Hellmich, Achim/Teigeler, Peter (Hrsg.): Montessori-, Freinet-, und Waldorfpädagogik. Weinheim und Basel: Beltz Juventa, S. 93–113.

Jörke, Dirk (2003): Demokratie als Erfahrung. John Dewey und die politische Philosophie der Gegenwart. Wiesbaden: VS Verlag für Sozialwissenschaften.

Jörke, Dirk (2007): John Dewey über Erfahrung, Demokratie und Erziehung. In: Lange, Dirk/Himmelmann, Gerhard (Hrsg.): Demokratiebewusstsein. Interdisziplinäre Annäherungen an ein zentrales Thema der Politischen Bildung. Wiesbaden: VS Verlag für Sozialwissenschaften, S. 87–98.

Jörke, Dirk (2019): Die Größe der Demokratie. Über die räumliche Dimension von Herrschaft und Partizipation. Berlin: Suhrkamp.

Kasüschke, Dagmar (2018): Maria Montessori-Didaktik der „materialisierten Abstraktion". In: Neuß, Norbert (Hrsg.): Grundwissen Didaktik. Berlin: Cornelsen.

Keller, Monika (2003): Moralische Entwicklung als Voraussetzung für Partizipation. In: Sturzenbecher, Dietmar/Großmann, Heidrun (Hrsg): Soziale Partizipation im Vor- und Grundschulalter. München: Ernst Reinhardt, S. 143–172.

Keller, Monika (2007): Moralentwicklung und moralische Sozialisation. In: Horster, Detlef (Hrsg.): Moralentwicklung von Kindern und Jugendlichen. Wiesbaden: Springer VS, S.17–50.

Kerber-Ganse, Waltraut (2009): Die Menschenrechte des Kindes. Die UN-Kinderrechtskonvention und die Pädagogik von Janusz Korczak. Versuch einer Perspektivenverschränkung. Opladen/Farmington Hills: Barbara Budrich.

Kerstan, Jennifer (2016): Sprechende Räume. Raumgestaltung in der Reggio-Pädagogik. In: klein & groß 04/2016, S. 56–59.

Kiel, Ewald (2012) (Hrsg.): Erziehung sehen, analysieren und gestalten. Bad Heilbrunn: Klinkhardt.

Kittel, Claudia (2020): Drei Jahrzehnte UN-Kinderrechtskonvention. In: Aus Politik und Zeitgeschichte 20/2020, S. 26–32.

Knauf, Tassilo (2000): Reggio-Pädagogik. Ein italienischer Beitrag zur konsequenten Kindorientierung in der Elementarerziehung. In: Fthenakis, Wassilios/Textor, Martin R.: Pädagogische Ansätze im Kindergarten. Weinheim und Basel: Beltz Juventa.

Knauf, Tassilo/Düx, Gislinde/Schlüter, Daniela (2007): Handbuch pädagogische Ansätze. Praxisorientierte Konzeptions- und Qualitätsentwicklung in Kindertageseinrichtungen. Berlin: Cornelsen.

Knauf, Tassilo (2017): Reggio- Pädagogik. Online verfügbar unter: https://www.kita-fachtexte.de/fileadmin/Redaktion/Publikationen/KiTaFT_Knauf_2017_Reggio-Paedadogik_01.pdf (zuletzt geprüft am 29.12.2020).

Kobelt-Neuhaus, Daniela (2012): 40 Jahre Situationsansatz. Ein pädagogisches Konzept und seine Wirkungsgeschichte In: Kindergarten heute, 11–12/2012, S. 8–13.

Kocka, Jürgen (2013): Geschichte des Kapitalismus. München: C. H. Beck.

Köhler, Wolfgang R./Brunkhorst, Hauke/Lutz-Bachmann, Matthias (1999): Recht auf Menschenrechte. Menschenrechte, Demokratie und internationale Politik. Frankfurt am Main: Suhrkamp.

Krappmann, Lothar (2011): Frühkindliche Bildung – ein Menschenrecht. Online verfügbar unter: https://kitaundco.de/images/nifbeold/Info-Service/Ringvorlesung/Krappmann-Skript.pdf (zuletzt geprüft am 27.01.2021).

Krennerich, Michael (2009): Zehn Fragen zu Menschenrechten. In: Bundeszentrale für politische Bildung (Hrsg.): Dossier Menschenrechte. Online verfügbar unter: https://www.bpb.de/internationales/weltweit/menschenrechte/38627/zehn-fragen?p=all (zuletzt geprüft am 29.12.2020).

Krüger, Thomas (2019): „Homo Politicus“ als Bildungsziel in der diversifizierten Gesellschaft. In: Bildung und Erziehung 2019, Jg. 72, Heft 3. Göttingen: Vandenhoeck & Ruprecht, S. 246–261.

Kultusministerkonferenz (2004): Gemeinsamer Rahmen der Länder für die frühe Bildung in Kindertageseinrichtungen. Beschluss der Kultusministerkonferenz vom 03./04.06.2004. Online verfügbar unter: https://www.kmk.org/fileadmin/Dateien/veroeffentlichungen_beschluesse/2004/2004_06_04-Fruehe-Bildung-Kitas.pdf (zuletzt geprüft am 19.01.2021).

Kultusministerkonferenz (2018): Demokratie als Ziel, Gegenstand und Praxis historisch-politischer Bildung und Erziehung in der Schule. Beschluss der Kultusministerkonferenz vom 06.03.2009, i. d. F. vom 11.10.2018. Bonn. Online verfügbar unter: https://www.kmk.org/fileadmin/Dateien/veroeffentlichungen_beschluesse/2009/2009_03_06-Staerkung_Demokratieerziehung.pdf (zuletzt geprüft am 29.12.2020).

Laevers, Ferre (2017): Wie geht es den Kindern in FBBE-Settings? Ein prozessorientierter Qualitätsmonitoring-Ansatz. In: Klinkhammer, Nicole/Schäfer, Britta/Harring, Dana/Gwinner, Anna (Hrsg.): Qualitätsmonitoring in der frühkindlichen Bildung und Betreuung. Ansätze und Erfahrungen aus ausgewählten Ländern. München: Deutsches Jugendinstitut, S. 249–278.

Lakies, Thomas/Beckmann, Janna (2019): Förderung von Kindern in Tageseinrichtungen und in Kindertagespflege. In: Münder, Johannes/Meysen, Thomas/Trenczek, Thomas (Hrsg.): Frankfurter Kommentar SGB VIII. Kinder- und Jugendhilfe. Baden-Baden: Nomos, S. 303–356.

Lammert, Christian/Vormann, Boris: Die Krise der Demokratie und wie wir sie überwinden. Berlin: Aufbau.

Landeszentrale für politische Bildung (29.01.2018): Diskussionspapier der Zentralen der politischen Bildung zu den Planungen der Bundesregierung zur Ausweitung des Programms „Demokratie leben“, zur Etablierung eines „Nationalen Präventionsprogramms gegen islamistischen Extremismus“ (NPP) und zur Schaffung eines Demokratiefördergesetzes. Online verfügbar unter: https://demokratie.niedersachsen.de/news/archiv/diskussionspapier-170144.html (zuletzt geprüft am 30.12.2020).

Landwehr, Claudia (2012): Demokratische Legitimation durch rationale Kommunikation. Theorien deliberativer Demokratie. In: Lembcke, Oliver W./Ritzi, Claudia/Schaal, Gary S. (Hrsg.): Zeitgenössische Demokratietheorie. Band 1: Normative Demokratietheorien. Wiesbaden: Springer VS, S. 355–386.

Lange, Dirk (2006): Politik oder Politikbewusstsein? Zum Gegenstand der Politikdidaktik. In: Anja Besand (Hrsg.): Politische Bildung Reloaded. Perspektiven und Impulse für die Zukunft. Schwalbach/Ts.: Wochenschau-Verlag, S. 31–42.

Lembcke, Oliver W./Ritzi, Claudia/Schaal, Gary S. (2012): Zwischen Konkurrenz und Konvergenz. Eine Einführung in die normative Demokratietheorie. In: Lembcke, Oliver W./Ritzi, Claudia/Schaal, Gary S. (Hrsg.): Zeitgenössische Demokratietheorie. Band 1: Normative Demokratietheorien. Wiesbaden: Springer VS, S. 9–32.

Levitsky, Steven/Ziblatt, Daniel (2018): Wie Demokratien sterben. Und was wir dagegen tun können. München: Deutsche Verlags-Anstalt.

Liegle, Ludwig (2013): Frühpädagogik: Erziehung und Bildung kleiner Kinder. Ein dialogischer Ansatz. Stuttgart: Kohlhammer.

Lindner, Werner/Freund, Thomas (2001): Der Prävention vorbeugen? Thesen zur Logik der Prävention und ihrer Umsetzung in der Kinder- und Jugendarbeit. In: Deutsche Jugend 49 (5), S. 212–220:

Lingenauber, Sabine (2002): Einführung in die Reggio-Pädagogik. Kinder, Erzieherinnen und Eltern als konstitutives Sozialaggregat. Bochum: Projekt.

Lokhande, Mohini (2016): Doppelt benachteiligt? Kinder und Jugendliche mit Migrationshintergrund im deutschen Bildungssystem. Hrsg. v. Sachverständigenrat deutscher Stiftungen für Integration und Migration (SVR). Berlin. Online verfügbar unter: https://www.stiftung-mercator.de/content/uploads/2020/12/Expertise_Doppelt_benachteiligt.pdf (zuletzt geprüft am 02.02.2021).

Lüders, Christian/Kappeler, Manfred (2016): Abschaffen oder seinen ideologisch-technokratischen Gebrauch verhindern? Eine Kontroverse über den Begriff „Prävention". In: Widersprüche. Zeitschrift für sozialistische Politik im Bildungs-, Gesundheits- und Sozialbereich, H. 139, S. 87–113.

Martinsen, Franziska (2019): Grenzen der Menschenrechte. Staatsbürgerschaft, Zugehörigkeit, Partizipation. Bielefeld: transcript.

Massing, Peter (2002): Demokratie-Lernen oder Politik-Lernen. In: Breit, Gotthard/Schiele, Siegfried (Hrsg.): Demokratie-Lernen als Aufgabe der politischen Bildung. Schwalbach/Ts.: Wochenschau Verlag, S. 160–187.

Massing, Peter (2014): Theoretische Grundlagen für die Praxis politischer Bildung. In: Engartner, Tim/Korfkamp, Jens (Hrsg.): Grenzgänge. Traditionslinien und Spannungsfelder in der politischen Bildung. Festschrift für Klaus-Peter Hufer zum 65. Geburtstag. Schwalbach/Ts.: Wochenschau Verlag, S. 75–84.

Maywald, Jörg (2010): UN-Kinderrechtskonvention: Bilanz und Ausblick. In: Aus Politik und Zeitgeschichte 38/2010, S. 8–15.

Maywald, Jörg (2012): Kinder haben Rechte! Kinderrechte kennen – umsetzen – wahren. Weinheim und Basel: Beltz Juventa.

Merkel, Wolfgang (Hrsg.) (2000): Systemwechsel 5. Zivilgesellschaft und Transformation. Unter Mitarbeit von Wolfgang Merkel und Christian Henkes. 5 Bände. Opladen: Leske + Budrich.

Merkel, Wolfgang/Petring, Alexander (2012): Politische Partizipation und demokratische Inklusion. In: Mörschel, Tobias/Krell, Christian (Hrsg.): Demokratie in Deutschland. Zustand, Herausforderungen, Perspektiven. Wiesbaden: Springer VS, S. 93–119.

Meyer, Thomas (2009): Was ist Demokratie? Eine diskursive Einführung. Wiesbaden: VS Verlag für Sozialwissenschaften.

Ministerium für Soziales, Gesundheit, Familie und Gleichstellung des Landes Schleswig-Holstein (2012): Erfolgreich starten. Leitlinien zum Bildungsauftrag in Kindertageseinrichtungen.

Ministerium für Bildung Rheinland-Pfalz (2018): Bildungs- und Erziehungsempfehlungen für Kindertagesstätten in Rheinland-Pfalz.

Molthagen, Dietmar (Hrsg.) (2017): Was ist zu tun? Deutschland zwischen islamistischem Extremismus und Islamfeindlichkeit. Friedrich-Ebert-Stiftung. Forum Berlin. Online verfügbar unter: https://www.fes.de/publikation-islamistischer-extremismus-und-islamfeindlichkeit (zuletzt geprüft am 26.01.2021).

Münkler, Herfried (2010): Sozio-moralische Grundlagen liberaler Gemeinwesen. Überlegungen zum späten Ralf Dahrendorf. In: Mittelweg 36. Zeitschrift des Hamburger Instituts für Sozialforschung, Heft 2, April/Mai 2010, S. 22–37.

Nassehi, Armin (2019): Muster. Theorie der digitalen Gesellschaft. München: C. H. Beck.

Neumann, Peter (2013): Radikalisierung, Deradikalisierung und Extremismus. In: Aus Politik und Zeitgeschichte 63 (29–31), S. 3–10. Online verfügbar unter: https://www.bpb.de/apuz/164918/radikalisierung-deradikalisierung-und-extremismus (zuletzt geprüft am 02.03.2021).

Neumann, Sascha/Kuhn, Melanie/Hekel, Nicole/Brandenberg, Kathrin/Tinguely, Luzia (2019): Der institutionelle Sinn der Partizipation. Befunde einer ethnografischen Studie in schweizerischen Kindertageseinrichtungen. In: Hangartner, Judith/Jäger, Marianna/Kuhn, Melanie/Sieber-Egger, Anja/Unterweger, Gisela (Hrsg.): Kindheit(en) in formellen und informellen Bildungskontexten: Ethnografische Beiträge aus der Schweiz. Wiesbaden: Springer VS, S. 321–342.

Neuß, Norbert (2018): Grundwissen Didaktik. Berlin: Cornelsen.

Oelkers, Jürgen (2000): Demokratie und Bildung. Über die Zukunft eines Problems. In: Zeitschrift für Pädagogik, 46. Jg., H. 3, S. 333–348.

Oelkers, Jürgen (2004): Erziehung. In: Benner, Dietrich/Oelkers, Jürgen (Hrsg.): Historisches Wörterbuch der Pädagogik. Weinheim und Basel: Beltz Juventa, S. 303–340.

Oelkers, Jürgen (2010): Demokratisches Denken in der Pädagogik. Zeitschrift für Pädagogik 56/2010, Heft 1, S. 3–21.

Oesterreich, Detlef (2002): Politische Bildung von 14-Jährigen in Deutschland. Studien aus dem Projekt Civic Education. Wiesbaden: VS Verlag für Sozialwissenschaften. Online verfügbar unter http://dx.doi.org/10.1007/978-3-322-97566-9 (zuletzt geprüft am: 30.12.2020).

Olk, Thomas/Roth, Roland (Hrsg.) (2010): Mehr Partizipation wagen. Argumente für eine verstärkte Beteiligung von Kindern und Jugendlichen. Gütersloh: Verlag Bertelsmann Stiftung.

Pape, Helmut/Kehrbaum, Tom (2019): John Dewey. Über Bildung, Gewerkschaften und die demokratische Lebensform. Study Nr. 421. Hans Böckler Stiftung. Online verfügbar unter: https://www.boeckler.de/pdf/p_study_hbs_421.pdf (zuletzt geprüft am: 26.01.2021).

Patzelt, Werner (2010): Soziomoralische Grundlagen und politisches Wissen in einer Demokratie. In: Lange, Dirk/Himmelmann, Gerhard (Hrsg.): Demokratiedidaktik. Impulse für die Politische Bildung. Bürgerbewusstsein. Wiesbaden: VS Verlag für Sozialwissenschaften, S. 43–54.

Pohl, Kerstin (2004): Demokratie-Lernen als Aufgabe des Politikunterrichts? Die Rezeption von Deweys Demokratiebegriff und die Parallelisierungsfalle. In: Breit, Gotthard/Schiele, Siegfried (Hrsg.): Demokratie braucht politische Bildung. Schwalbach/Ts.: Wochenschau Verlag, S. 166–180.

Pohl, Kerstin (2009): Demokratiepädagogik oder politische Bildung. Ein Streit zwischen zwei Wissenschaftsdisziplinen? In: Topologik (6), S. 91–103. Online verfügbar unter: https://www.topologik.net/POHL_Topologik_6.pdf (zuletzt geprüft am: 30.12.2020).

Prange, Klaus (2010): Die Ethik der Pädagogik. Zur Normativität pädagogischen Handelns. Paderborn und München: Ferdinand Schöningh.

Preissing, Christa/Heller, Elke (Hrsg.) (2009): Qualität im Situationsansatz. Qualitätskriterien und Materialien für die Qualitätsentwicklung in Kindertageseinrichtungen. Berlin: Cornelsen.

Preissing, Christa/Heller, Elke (2010): Der Situationsansatz – mit Kindern die Lebenswelt erkunden. In: Kasüschke, Dagmar (Hrsg.) (2010): Didaktik in der Pädagogik der frühen Kindheit. Köln: Carl Link.

Prengel, Annedore (2014): Inklusion in der Frühpädagogik. Bildungstheoretische, empirische und pädagogische Grundlagen. Eine Expertise der Weiterbildungsinitiative Frühpädagogische Fachkräfte (WiFF). WiFF Expertisen, 5. Unter Mitarbeit von Zschipke, Katja/Horn, Dorit/Schultz, Sebastian. München: Deutsches Jugendinstitut. Online verfügbar unter: https://www.weiterbildungsinitiative.de/uploads/media/Inklusion_in_der_Fruehpaedagogik_5Band_2uebaAuflage_2014_Prengel.pdf (zuletzt geprüft am: 30.12.2020).

Prengel, Annedore (2016): Bildungsteilhabe und Partizipation in Kindertageseinrichtungen. Eine Expertise der Weiterbildungsinitiative Frühpädagogische Fachkräfte (WiFF). Inklusion, Band 47. München: Deutsches Jugendinstitut. Online verfügbar unter: https://www.weiterbildungsinitiative.de/publikationen/detail/bildungsteilhabe-und-partizipation-in-kindertageseinrichtungen (zuletzt geprüft am 26.01.2021).

Rauschenbach, Thomas (2016): Editorial. In: Archiv für Wissenschaft und Praxis der sozialen Arbeit 3/2016: Qualität in der Kindertagesbetreuung: ein Zwischenzeugnis.

Reich, Kersten (2005): Demokratie und Erziehung nach John Dewey aus praktisch-philosophischer und pädagogischer Sicht. In: Burckhart, Holger/Sikora, Jürgen (Hrsg.): Praktische Philosophie – philosophische Praxis. Darmstadt: Wissenschaftliche Buchgesellschaft, S. 51–64.

Retzl, Martin (2014): Demokratie entwickelt Schule. Schulentwicklung auf der Basis des Denkens von John Dewey. Wiesbaden: Springer VS.

Reuter, Lutz Rainer (2003): Erziehungs- und Bildungsziele aus rechtlicher Sicht. In: Füssel, Hans-Peter/Roeder, Peter M. (Hrsg.): Recht – Erziehung – Staat. Zur Genese einer Problemkonstellation und zur Programmatik ihrer zukünftigen Entwicklung. Weinheim und Basel: Beltz Juventa, S. 28–48.

Richter, Elisabeth/Lehmann, Teresa/Sturzenhecker, Benedikt (Hrsg.) (2017a): So machen Kitas Demokratiebildung. Empirische Erkenntnisse zur Umsetzung des Konzepts „Die Kinderstube der Demokratie“. Weinheim und Basel: Beltz Juventa.

Richter, Elisabeth/Richter, Helmut/Sturzenhecker, Benedikt/Lehmann, Teresa/Schwerthelm, Moritz (2017b): Demokratie und Bildung. In: Richter, Elisabeth/Lehmann, Teresa/Sturzenhecker, Benedikt (Hrsg.): So machen Kitas Demokratiebildung. Empirische Erkenntnisse zur Umsetzung des Konzepts „Die Kinderstube der Demokratie“. Weinheim und Basel: Beltz Juventa, S. 41–51.

Richter, Emanuel (2012): Inklusion von Freien und Gleichen. Zur republikanischen Demokratietheorie. In: Lembcke, Oliver W./Ritzi, Claudia/Schaal, Gary S. (Hrsg.): Zeitgenössische Demokratietheorie. Band 1: Normative Demokratietheorien. Wiesbaden: Springer VS, S. 157–188.

Ritzi, Claudia (2015): Postdemokratie. In: Nohlen, Dieter/Grotz, Florian (Hrsg.): Kleines Lexikon der Politik. München: C. H. Beck, S. 515/516.

Roller, Edeltraud (2016): Konzeptualisierung von Demokratie. Robert Dahl, Larry Diamond und gängige Demokratiemessungen. In: Lembcke, Oliver/Ritzi, Claudia/Schaal, Gary S. (Hrsg.): Zeitgenössische Demokratietheorie. Band 2: Empirische Demokratietheorien. Wiesbaden: Springer VS, S. 337–364.

Roth, Heinrich (1962): Die realistische Wende in der pädagogischen Forschung. Neue Sammlung Göttinger Blätter für Kultur und Erziehung, 2. Jg., S. 481–496.

Ryan, Richard/Deci Edward. L. (2017): Self-Determination Theory: Basic Psychological Needs in Motivation, Development and Wellness. New York/London: The Guilford Press.

Salzborn, Samuel (2018): Globaler Antisemitismus: Eine Spurensuche in den Abgründen der Moderne. Weinheim und Basel: Beltz Juventa.

Sander, Wolfgang (2002): Politikdidaktik heute. Wo steht die Wissenschaft vom politischen Lernen? In: GPJE (Hrsg.): Politische Bildung als Wissenschaft. Schriftenreihe der GPJE. Schwalbach/Ts.: Wochenschau Wissenschaft, S. 9–19.

Sander, Wolfgang (2007): Demokratie-Lernen und politische Bildung. Fachliche, überfachliche und schulpädagogische Aspekte. In: Beutel, Wolfgang/Fauser, Peter (Hrsg.): Demokratiepädagogik. Lernen für die Zivilgesellschaft. Schwalbach/Ts.: Wochenschau Verlag, S. 71–85.

Schaal, Gary S. (2002): Die politische Theorie der liberal-prozeduralistischen Demokratie: Robert A. Dahl. In: Brodocz, André/Schaal, Gary S. (Hrsg.): Politische Theorien der Gegenwart I. Eine Einführung. Opladen: UTB, S. 253–280.

Schaal, Gary S./Ritzi, Claudia (2009): Empirische Deliberationsforschung. Max-Planck-Institut für Gesellschaftsforschung. Köln.

Schäfer, Gerd (2009): Die Reggio-Pädagogik in der Bildungstradition. In: Knauf, Helen (Hrsg.): Frühe Kindheit gestalten. Perspektiven zeitgemäßer Elementarbildung. Stuttgart: Kohlhammer.

Schäfer, Gerd E. (2019): Bildung in der frühen Kindheit. In: Dietrich, Cornelie/Stenger, Ursula/Stieve, Claus (Hrsg.): Theoretische Zugänge zur Pädagogik der frühen Kindheit. Weinheim und Basel: Beltz Juventa, S. 402–420.

Schelle, Regine/Friederich, Tina (2015): Weiterentwicklung pädagogischer Qualität durch inklusive Frühpädagogik: Eine Analyse der Schlüsselprozesse in Kitas. In: Diskurs Kindheits- und Jugendforschung Heft 1. Budrich, S. 67–80.

Schild, Wolfgang (2019): Das Böckenförde-Diktum. Zu den nicht von ihm zu garantierenden Voraussetzungen des Staates. In: Spieker, Michael/Schwenzfeuer, Sebastian/Zabel, Benno (Hrsg.): Sittlichkeit. Eine Kategorie moderner Staatlichkeit? Baden-Baden: Nomos, S. 183–214.

Schmidt, Hans-Dieter (1991): Das Bild vom Kind und seine pädagogischen Konsequenzen. In: Schmidt, Hans-Dieter/Schaarschmidt, Uwe/Peter, Volkhard (Hrsg.): Dem Kinde zugewandt. Überlegungen und Vorschläge zur Erneuerung des Bildungswesens. Baltmannsweiler: Schneider Hohengehren, S. 1–12.

Schmidt, Manfred G. (2000): Demokratietheorien. Eine Einführung. Wiesbaden: VS Verlag für Sozialwissenschaften.

Schmidt, Manfred G. (2010): Demokratietheorien. Eine Einführung. Wiesbaden: VS Verlag für Sozialwissenschaften.

Schröder, Richard (1995): Kinder reden mit! Beteiligung an Politik, Stadtplanung und Stadtgestaltung. Weinheim und Basel: Beltz Juventa.

Schubarth, Wilfried/Tegeler, Julia (2016): Anregungen und Empfehlungen für eine offensive Wertebildung. In: Bertelsmann Stiftung (Hrsg.): Werte lernen und leben. Theorie und Praxis der Wertebildung in Deutschland. Gütersloh: Bertelsmann Stiftung.

Schultze, Rainer-Olaf (2015a): Demokratie. In: Nohlen, Dieter/Grotz, Florian (Hrsg.): Kleines Lexikon der Politik. München: C. H. Beck, S. 90–94.

Schultze, Rainer-Olaf (2015b): Partizipation. In: Nohlen, Dieter/Grotz, Florian (Hrsg.): Kleines Lexikon der Politik. München: C. H. Beck, S. 458–460.

Schutter, Sabina/Braun, Magdalena (2018): Herausforderungen von Kindertageseinrichtungen in einer vielfältigen Gesellschaft. Hochschule Rosenheim. In Kooperation mit: Deutsches Kinderhilfswerk. Rosenheim. Online verfügbar unter: https://www.dkhw.de/fileadmin/Redaktion/1_Unsere_Arbeit/2_Aktuelle_Projekte/9_Fruehkindliche_Bildung/Forschungsbericht_Vielfalt_in_Kitas/Forschungsbericht_Gesellschaftliche_Vielfalt_in_Kitas_2018.pdf (zuletzt geprüft am 30.12.2020).

Scruton, Roger (2007): The Palgrave Macmillan Dictionary of Political Thought. Basingstoke/New York: Palgrave Macmillan.

Selk, Veith/Jörke, Dirk (2012): Der Vorrang der Demokratie. Die pragmatistische Demokratietheorie von John Dewey und Richard Rorty. In: Lembcke, Oliver W./Ritzi, Claudia/Schaal, Gary S. (Hrsg.): Zeitgenössische Demokratietheorie. Band 1: Normative Demokratietheorien. Wiesbaden: VS Verlag für Sozialwissenschaften, S. 255–284.

Senatsverwaltung für Bildung, Jugend und Wissenschaft (2014): Berliner Bildungsprogramm für Kitas und Kindertagespflege.

Siegler, Robert/Eisenberg, Nancy/DeLoache, Judy/Saffran, Jenny (2016a): Beziehungen zu Gleichaltrigen. In: Pauen, Sabine (Hrsg.): Entwicklungspsychologie im Kindes- und Jugendalter. Berlin/Heidelberg: Springer VS, S. 483–528.

Siegler, Robert/Eisenberg, Nancy/DeLoache/Judy, Saffran, Jenny (2016b): Moralentwicklung. In: Pauen, Sabine (Hrsg.): Entwicklungspsychologie im Kindes- und Jugendalter. Berlin/Heidelberg: Springer VS, S. 529–574.

Sliwka, Anne (2008): Demokratiepädagogik. In: Coelen, Thomas/Otto, Hans-Uwe (Hrsg.): Grundbegriffe Ganztagsbildung. Das Handbuch. Wiesbaden: VS Verlag für Sozialwissenschaften, S. 694–703.

Sontheimer, Kurt (1963): Politische Bildung zwischen Utopie und Verfassungswirklichkeit. In: Zeitschrift für Pädagogik, H. 2, S. 167–180.

Stein, Tine (2016): Ernst-Wolfgang Böckenförde. In: Voigt, Rüdiger (Hrsg.): Staatsdenken. Zum Stand der Staatstheorie heute. Baden-Baden: Nomos, S. 142–147.

Stenger, Ursula (2010): Zur Didaktik der Reggio-Pädagogik. In: Kasüschke, Dagmar (Hrsg.): Didaktik in der Pädagogik der frühen Kindheit. Kronach: Carl Link.

Sturzenhecker, Benedikt (2000): Prävention ist keine Jugendarbeit. Thesen zu Risiken und Nebenwirkungen der Präventionsorientierung. In: Sozialmagazin 25 (1), S. 14–21. Online verfügbar unter: http://www.aba-fachverband.org/fileadmin/user_upload/user_upload_2006/sturzenhecker_praevention_keine_jugendarbeit.pdf (zuletzt geprüft am 31.12.2020).

Straßenberger, Grit/Münkler, Herfried (2016): Politische Theorie und Ideengeschichte. Eine Einführung. München: C. H. Beck.

Sutor, Bernhard (2002): Demokratie-Lernen? Demokratisch Politik lernen! Zu den Thesen von Gerhard Himmelmann. In: Breit, Gotthard/Schiele, Siegfried (Hrsg.): Demokratie-Lernen als Aufgabe der politischen Bildung. Schwalbach/Ts.: Wochenschau, S. 40–52.

Teigeler, Peter (1999): Freinet-Pädagogik, psychologische Lernmotivationstheorie und Viktor E. Frankls „Wille zum Sinn“. In: Montessori-, Freinet- und Waldorfpädagogik. Weinheim und Basel: Beltz Juventa, S. 114–140.

Textor, Martin R. (2008): Erziehungs- und Bildungspläne. In: Textor, Martin/Bostelmann, Antje (Hrsg.): Das Kita-Handbuch. Online verfügbar unter: https://kindergartenpaedagogik.de/fachartikel/bildung-erziehung-betreuung/1951 (zuletzt geprüft am: 31.12.2020).

Textor, Martin R. (2009): Freispiel, Beschäftigung, Projekt – drei Wege zur Umsetzung der Bildungspläne der Bundesländer. In: Knauf, Helen (Hrsg.): Frühe Kindheit gestalten. Perspektiven zeitgemäßer Elementarbildung. Stuttgart: Kohlhammer.

Tremmel, Jörg (2016): Kinder- und Jugendbeteiligung: Partizipation ohne Deliberation? In: Der Bürger im Staat, 66. Jg., H. 4, S. 224–233.

Tretter, Hannes (2009): Menschenrechte in Europa. In: Bundeszentrale für politische Bildung (Hrsg.): Dossier Menschenrechte. Online verfügbar unter: https://www.bpb.de/internationales/weltweit/menschenrechte/38769/europa?p=all (zuletzt geprüft am 31.12.2020).

vbw – Vereinigung der Bayerischen Wirtschaft e. V. (Hrsg.) (2020): Gutachten des Aktionsrats Bildung. Bildung zu Demokratischer Kompetenz. Münster: Waxmann.

Veith, Hermann (2008): Politik-Lernen, Demokratie-Lernen und Globales Lernen. In: Zeitschrift für internationale Bildungsforschung und Entwicklungspädagogik (ZEP) 31 (3), S. 4–7.

Völkel, Petra: Stellenwert und Umsetzung sozialer Partizipation in pädagogischen Konzepten. In: Sturzenbecher, Dietmar/Großmann, Heidrun (Hrsg.) (2003): Soziale Partizipation im Vor- und Grundschulalter. München/Basel: Ernst Reinhardt.

Wagner, Petra (2012): Der Ansatz der Vorurteilsbewussten Bildung und Erziehung als inklusives Praxiskonzept. In: Wagner, Petra (Hrsg.): Handbuch Inklusion. Freiburg und Basel: Herder, S. 22–41.

Wagner, Petra (Hrsg.) (2013): Handbuch Inklusion. Grundlagen vorurteilsbewusster Bildung und Erziehung. Freiburg/Basel/Wien: Herder.

Warren, Mark (1992): Democratic Theory and Self-Transformation. In: The American Political Science Review, 86. Jg., H. 1, S. 8–23.

Weber, Florian (2012): Selbstbestimmung durch Teilhabe. Theorie der partizipativen Demokratie. In: Lembcke, Oliver W./Ritzi, Claudia/Schaal, Gary S. (Hrsg.): Zeitgenössische Demokratietheorie. Band 1: Normative Demokratietheorien. Wiesbaden: Springer VS, S. 223–254.

Wehner, Ulrich (2019): Frühkindliche Erziehung. In: Dietrich, Cornelie/Stenger, Ursula/Stieve, Claus (Hrsg.): Theoretische Zugänge zur Pädagogik der frühen Kindheit. Weinheim und Basel: Beltz Juventa, S. 435–451.

Widmaier, Benedikt (2018): Demokratiebildung, Demokratieförderung, Demokratiepädagogik, Demokratieerziehung, Demokratiedidaktik, Demokratielernen, Demokratieentwicklung … wie jetzt? Die neue Unübersichtlichkeit in der politischen Bildung. In: Hessische Blätter für Volksbildung – Zeitschrift für Erwachsenenbildung in Deutschland 11 (3), S. 258–266.

Widmaier, Benedikt (2019): Demokratieförderung und politische Bildung. Eine sozialisationstheoretische Perspektive. In: Journal für Politische Bildung, 9. Jg., H. 2, S. 16–21.

Wulf, Christoph (2005): Zur Genese des Sozialen. Mimesis, Performativität, Ritual. Bielefeld: transcript.

Zick, Andreas/Schröter, Franziska/Küpper, Beate (2019): Verlorene Mitte – feindselige Zustände. Rechtsextreme Einstellungen in Deutschland 2018/19. Bonn: Dietz.

Zilla, Claudia (2015): Inklusion. In: Nohlen, Dieter/Grotz, Florian (Hrsg.): Kleines Lexikon der Politik. München: C. H. Beck, S. 272–274.

Zimmer, Jürgen (2000): Das kleine Handbuch zum Situationsansatz. Weinheim und Basel: Beltz Juventa.